Stéphane Koechlin

Jazz Ladies
A história de uma luta

Companhia Editora Nacional

Publicado originalmente sob o título *Jazz Ladies Le Roman d'un Combat*
© 2006 by Editions Hors Collection, Paris
Direitos da tradução em português: © 2012 pela Companhia Editora Nacional

Diretor Superintendente: Jorge Yunes
Gerente Editorial: Silvia Tocci Masini
Editores: Isney Savoy, Rodrigo Mendes de Almeida
Editor-assistente: Thiago Mlaker
Assistente editorial: Pedro Cunha
Revisão: Marcelo Yamashita Salles

Coordenadora de Arte: Márcia Matos
Diagramação: Rebecca Villas-Bôas Cavalcanti
Iconografia: Gilles Pétard
Imagem da capa: Sarah Vaughan, 1957, © Hoeffler/Redferns-DALLE
Imagens da contracapa: Sweethearts of Rhythm, © Coleção Gilles Pétard.

CIP-BRASIL. CATALOGAÇÃO-NA-FONTE
SINDICATO NACIONAL DOS EDITORES DE LIVROS, RJ

K82j

Koechlin, Stéphane
  Jazz ladies : a história de uma luta / Stéphane Koechlin ; [tradução Andrea Gottlieb]. - São Paulo : Companhia Editora Nacional, 2012.
  160p. : il.

  Tradução de: Jazz ladies : le roman d'um combat
  ISBN 978-85-04-01808-0

  1. Musicos de jazz. 2. Jazz. I. Título.

12-1088.	CDD: 781.650922	
	CDU: 785.161	
27.02.12 02.03.12		033423

1ª edição - São Paulo - 2012
Todos os direitos reservados

Companhia Editora Nacional

Av. Alexandre Mackenzie, 619 – Jaguaré
São Paulo – SP – 05322-000 – Brasil – Tel.: (11) 2799-7799
www.editoranacional.com.br editoras@editoranacional.com.br
CTP, Impressão e acabamento IBEP Gráfica

Sumário

1. A "grande cantora de jazz": divas versus cantoras de rua _____ 7

2. Nascimento das primeiras jazzwomen _____ 27

3. As cantoras de blues clássico _____ 45

4. A grande depressão: as mulheres na luta _____ 73

5. 1940: os homens no combate, as mulheres tomam conta do cenário _____ 103

6. "Nós queremos ser tratadas como musicistas" _____ 119

7. As mulheres provam, enfim, do prazer e da revolta _____ 131

8. Elas envelheceram _____ 151

9. Epílogo _____ 156

Discografia & Bibliografia _____ 158

De cima para baixo:
Valaida Snow circa 1936; Ella Fitzgerald, c. 1940;
Mary Lou Williams, c. 1945; Dinah Washington, c. 1956.

Este livro é dedicado a Philippe Koechlin (1938-1996), cuja paixão pelo jazz ficou gravada em meu coração.

Agradecimentos especiais à Chantal.

Agradecimentos a Philippe Etheldrede, fotógrafo e erudito do jazz.

Prólogo

Em 1921, a rainha do music-hall francês, Mistinguett, cantava numa Paris que balançava ao som do jazz:

> *Y a du jazz band le jour et la nuit*
> *Y a du jazz band partout*
> *C'est le grand succés à Paris*
> *Qui rend les hommes fous!**

As cantoras de jazz deixavam os homens loucos. Era a única arma de que elas dispunham numa sociedade americana patriarcal e racista. Ser mulher já não era fácil, mas ser mulher e negra representava um obstáculo intransponível. Vindas da elegante Nova Inglaterra ou do Mississipi mestiço, artistas de pele escura, fortes, uniram-se ao longo do século XX para derrubar as barreiras e dar um fim ao ostracismo. Quantos filmes então estigmatizavam a cantora de jazz: alcoólatra, infeliz no amor, dominada e às vezes vítima de agressão. "Você a terá por nada!", dizia o gângster num filme policial, propondo ao maestro contratar a sua namoradinha. A mulher não valia grande coisa e de vez em quando caía na miséria ou na prostituição. As brancas sofriam o jugo do machismo. Quanto às negras, em cada show, arriscavam a morte ou a prisão, sobretudo quando se apresentavam com os músicos "pálidos". Esta obra é a narrativa de vidas que se cruzam, de existências paralelas, mas frequentemente parecidas, a epopeia de amigas fiéis e de inimigas cordiais, todas movidas por uma grande ambição e um forte espírito de rebeldia. Muitas, nascidas na mesma região, ou no mesmo bairro, cresceram juntas, distanciaram-se e depois se reencontraram, brigaram e se reconciliaram.

Nós retraçamos a linha geográfica e política dessas artistas, a maioria cantoras e algumas musicistas, detendo-nos naquelas que influenciaram a política e a sociedade, servindo de modelos.

Hoje as inúmeras estrelas gozam de uma liberdade aparente. O perigo de recolocar a cantora pianista numa vitrine, de "coisificá-la", ainda existe, é claro, mas as mulheres aprenderam a se defender. Lembremo-nos da reflexão de um personagem faulkneriano na obra-prima *Santuário*, de 1931: "As mulheres, vocês sabem como é. Depois que enfiam uma ideia na cabeça, nada mais nos resta a não ser balançar a cabeça e fazer como elas dizem." Como lhes dá na telha...

---

* Tem banda de jazz dia e noite / Tem banda de jazz em todos os lugares / É o grande sucesso em Paris / Que enlouquece os homens

A "grande cantora de jazz": divas versus cantoras de rua

Billie Holiday, *circa* 1949.

Madeleine Peyroux e Norah Jones, o triunfo do terceiro milênio

Por volta de 1991, os parisienses se depararam com uma jovem que tocava guitarra e cantava nas ruas ou no metrô, na praça Saint-André-des-Arts, ou no Bilboquet. Madeleine Peyroux vivia bons momentos, menos monótonos que sua juventude sem posses em Nova York. Seu pai tentou ser ator durante um tempo e sua mãe ensinava francês. A família era pobre e Madeleine, cujo nome é uma referência à personagem de Marcel Proust, sentia-se diferente, isolada. Sua juventude era um tédio só.

Depois que se separou do marido, sua mãe conseguiu um trabalho de professora em Paris. Ela levou a filha e ambas se instalaram no subúrbio parisiense. Madeleine não gostava de morar lá e preferia acompanhar os músicos de rua. Como contaria mais tarde, ela sempre quis cantar, mas ninguém da família ou da escola parecia levá-la a sério.

Ao chegar a Paris, ela encontrou na rua músicos que não cantavam bem e se infiltrou num grupo de passagem, The Lost Wandering, seguindo-o de Saint-André-des-Arts até seu ponto de encontro no café Mazet. Madeleine chamou sua atenção: "Eu ouvi dizer que você canta", lhe disse um dos músicos. "Quer cantar alguma coisa pra nós?" Foi o início de uma paixão. Ela não tinha dúvidas de que em breve deixaria tudo: família, estudos, subúrbio. Com seus novos companheiros, conseguiu um contrato para se apresentar no bar Bilboquet durante uma semana. Depois, os seguiu até a Holanda antes de viver ainda outras aventuras: um concerto num castelo na Irlanda, os caprichos de alguns afortunados que lhe pagavam de acordo com suas fantasias. Com isso, é claro, ela acabou chamando a atenção.

O produtor Yves Beauvais reparou nela e a fez gravar, aos 22 anos, seu primeiro disco, o excelente *Dreamland* (1996), que vendeu 250 mil cópias. O público descobre não apenas uma cantora de jazz, mas também uma artista à vontade em vários terrenos – folk, música francesa, blues – e capaz de interpretar "Lovesick Blues" de Bessie Smith ou "La vie en rose" de Edith Piaf. E, sobretudo, sua voz dava vertigem pela ilusão de reviver uma Billie Holiday de hoje: mesmo timbre, um pouco velado, mesma emoção trêmula e gemida.

◁ Sarah Vaughan no palco, 1946.

Jazz Ladies

Madeleine Peyroux, 2005.

Ela aceitou invocar o pesado ícone nas entrevistas que concedeu a uma imprensa faminta de histórias: "Não me irrita o fato de me compararem a ela. Quando comecei, eu precisava de alguém e Billie Holiday fazia parte do pequeno número de pessoas que podiam me ensinar a cantar, a viver e também a me reconhecer. Mas entendi que minha evolução deveria pender para algo mais pessoal. Billie me fez descobrir os lados da tragédia e da mulher que eu precisava ver. De fato, existe um mal-entendido. É por ela soar fascinante quando a ouvimos, e pela profundeza de seus sentimentos e de sua ironia, que falamos de sua vida, e não o contrário".

Sob a proteção deste modelo, Madeleine se impõe como uma grande cantora, alheia às escolas formatadas que congelam o jazz e a música popular contemporâneos. Esta independência desde então coloriu amplamente sua vida, antes levada sem facilidades nem compromissos, ao ponto de hoje a jovem preferir o silêncio às repetições. Mas este sumiço lhe foi em parte imposto: sua voz se partiu, ferida pelo ritmo intratável que o sucesso lhe impôs. Ela nunca havia trabalhado com um professor e ignorava como cuidar das cordas vocais.

Oito anos de mutismo seguiram-se a *Dreamland*. Esta interrupção expulsa Madeleine Peyroux do trono prometido, deixando as primeiras fileiras para Diana Krall seguida por Norah Jones, figuras quase gêmeas navegando no mesmo movimento folk. Madeleine e Norah não possuem nada em comum, e por isso dividem bem os elementos da vida e da música. Ambas se situam na fronteira do jazz, levadas por um espírito folk e cultura americana de raiz se levarmos em conta suas origens – perfumadas de francês numa e indiana na outra.

Hoagy Carmichael, 1930.

Madeleine conheceu Norah antes de seu sucesso. "Eu não acho que ela tenha me substituído", disse-me ela sem querer ir adiante. "É uma boa cantora. Seu sucesso possui algo de positivo, porque dá trabalho a todo mundo, mesmo que para mim seja difícil conceber que possamos pensar em 18 milhões de pessoas ao mesmo tempo."

Norah alcançou o paraíso aos 22 anos graças ao seu primeiro disco, *Come Away With Me* (2002): quase 20 milhões de cópias foram vendidas pelo mundo. A jovem ganhou oito *Grammies* ("melhor álbum do ano de 2002", "melhor revelação", "melhor artista pop feminina",...), o mesmo que Michael Jackson na época de "Thriller"! E o suficiente para atiçar o ciúme de cantoras mais antigas, mais experientes. Diana Krall, boa jogadora, demonstra uma indiferença educada. O sucesso de Norah irrita também o meio do jazz: os puristas abominam tudo o que não seja claro aos seus olhos, a música bastarda, incapaz de se decidir por uma ou outra direção. Pop? Jazz? Muitos julgam as canções da jovem prodígios medíocres, fáceis, impregnadas das inferiores músicas populares. Mas outros a consideram uma verdadeira cantora de jazz, talvez pelo fato de *Come Away With Me* ter sido lançado pelo prestigioso selo Blue Note e ter recebido crédito de músicos consagrados: do percussionista Brian Blade, companheiro de estrada de Joshua Redman, ao guitarrista Bill Frisell, o mundo do jazz parece apoiar a jovem e sua obra, misto de reprises ("The Nearness Of You", de Carmichael) e de composições originais.

Norah Jones, 2002.

Norah oferece a imagem glamorosa de jazzwoman que os filmes e as fotografias gravaram nas memórias: o doce cantarolar ao piano, moldado de romantismo.

Quando o jazz se popularizou, abandonando o swing, absorveu todos os estilos e acolheu em seu seio um florilégio de vocalistas solitários e sem dúvida cheios de charme. Assim, Norah representa um tipo de artista. Parafraseando Françoise Sagan, não sabemos se ela ocupará um lugar essencial na epopeia do jazz, mas a indústria fonográfica provavelmente não a esquecerá.

Ao estudar a vida de Norah, nascida em Nova York em 30 de março de 1979, os jornalistas não esconderam sua surpresa ao descobrirem um pai famoso, o músico indiano Ravi Shankar, que toca cítara. Sua mãe, Sue Jones, americana, trabalhava como roteirista na televisão e no cinema. Porém, quando Norah Jones apareceu na Europa, seus ascendentes eram desconhecidos. Ela sofreu pela ausência de um pai mítico cuja obra mágica e versátil influenciou os Beatles. Ainda hoje ela se nega a falar sobre esse segredo e se tornou avessa a entrevistas depois que um jornalista holandês bem informado apresentou-a como a filha de Ravi; ao que parece, ela chorou muito e cancelou imediatamente o resto dos shows. Quantas censuras secretas, mais tarde reveladas, ela lançou ao genitor que a abandonou? A existência de Norah foi idêntica à de outras grandes cantoras de jazz: primeiro a ausência do pai, seguida pelos corais de igrejas e aulas de piano aos sete anos de idade. O indiano ilustre, porém, foi quem a moldou, pois é na discoteca paterna que ela se abastecia de blues, folk e de artistas lendários desde o cantor country Hank Williams (também considerado um pioneiro do rock'n'roll) até Billie Holiday. Esse museu ao alcance das mãos compôs seu universo juvenil, período rico em que ela também estudou desenho e se familiarizou com a escrita.

* Grammy Awards é um prestigioso evento americano de premiação aos melhores da música.

Jazz Ladies

Ravi Shankar, 1969.
Hank Williams, c. 1950.

Desde muito cedo, Norah acompanhou a mãe nos subúrbios de Dallas, na cidade de Grapevine, onde a música já fazia parte dela. Sem qualquer ajuda, começou a tocar para os peregrinos perdidos em teatros úmidos e caindo aos pedaços. O pai vivia distante, mas à noite ela pensava nele sem parar. Em seu livro, *Bapi... Love Of My Life**, Anoushka Shankar, a irmã mais nova de Norah, fala desta cena em 1997: "Cítara na mão, Bapi me ensinava a tocar uma manhã quando o telefone tocou. Fui atender. Uma jovem de voz doce na linha queria falar com o senhor Ravi Shankar. Eu quis saber quem era ao telefone e ela falou claramente: 'É a filha dele, Norah.' Eu fiquei boquiaberta por alguns segundos, pois na época havia abandonado totalmente a ideia de que pudéssemos ter contato com ela." As duas irmãs musicistas tornaram-se amigas mais tarde.

Passada a adolescência, Norah voltou a Nova York, onde começou a trabalhar como garçonete em um bar. Mas ela não havia abdicado de sua ambição totalmente; ela falava, fazia novos amigos, e rapidamente constituiu à sua volta pelas redondezas de Greenwich um coletivo de músicos, entre os quais aquele que seria seu companheiro e elemento forte em sua existência, o baixista Lee Alexander. Ela passou, então, a frequentar o club Living Room, na qual os instrumentistas "passavam o chapéu" pelo público após cada apresentação. Lá as culturas se chocavam e os artistas vindos de São Francisco mergulhavam seus country folks no jazz e se divertiam a valer.

Cansada da área alimentícia, Norah conseguiu um trabalho na universidade. Ela devia ciceronear os visitantes desejosos de conhecer o *campus* e adjacências. Seus patrões lhe emprestaram um Cadilac que brilhava através das ruas da "Big Apple" e a envolvia em um halo de prestígio. Alguns rapazes notaram a limusine e sua graciosa condutora. Eles acharam-na sedutora e tentaram se aproximar dela. A jovem acabara de encontrar os membros de seu futuro grupo, a Handsome Band.

Norah passava as noites na companhia deles, conversando, bebendo, sonhando e compondo. Ela diria mais tarde que a música "Come Away With Me" surgiu em sua mente, pouco antes do amanhecer, após uma dessas conversas inflamadas, naturalmente. Ela não acreditava que fosse capaz de criar tal harmonia. Durante essa época, muitos adoravam a princesa apaixonada por jazz, tão à vontade quando retomava ao piano Cole Porter ou Gershwin. Norah conservaria sempre uma languidez suave própria do jazz, mesmo após ter aberto seu repertório ao folk e ao country.

* Editora Cherche Midi, 2004.

Uma noite, aquela moça, cujos espíritos sérios tomavam por uma amadora bonitinha à imagem dos boêmios e artistas nova-iorquinos, grava com seus amigos sua primeira demo e decide enviá-la à Blue Note. Entusiasmado, Bruce Lundvall, presidente do famoso selo, liga para ela e propõe um contrato a uma Norah muda pelo choque. "Se adoro o jazz" – ela dirá ao semanário *Les Inrockuptibles* – "é acima de tudo pela sua bela simplicidade... No início, acho que a Blue Note esperava de mim um álbum puro de jazz. À medida que avancei na gravação do disco, eles perceberam que não era nada disso, mas acho que isso lhes convém." Bruce confessa a sua perplexidade. Ele demonstrou uma intuição estupenda ao profanar a sacrossanta música do século. Mas que virada! Um sopro de ar para as gravadoras e uma grande esperança também. Os críticos da razão pura manifestaram sua cólera? E daí? Norah reconheceu que ela não compôs o melhor álbum do ano, que faltou à obra um pouco de fibra e de loucura e que o barulho feito em volta dela não tinha nenhum sentido. Ela só queria agradar, seduzir, divertir e estava se lixando para as pretensões artísticas. O que a reprovavam? Sua voz sedosa, seu jazz muito suave para ser levado a sério. Ela nem possuía um grande talento ao piano. Norah não podia explicar tal admiração por ela e continuava a seguir seu caminho irracional.

Bruce Lundvall.

Norah Jones, 2002.

Em 2004, ela lançou o segundo disco, *Feels Like Home*, e tornou-se novamente alvo do desprezo dos críticos de plantão, apesar de eles já terem se acostumado um pouco com a presença do ícone distante e misterioso, cujo novo "produto", suspiravam, enroscava-se confortavelmente no leito do primeiro. Uma vez mais o público não deu ouvidos aos oráculos e quase oito milhões de cópias voaram – "somente isso", somos tentados a dizer. Apesar da pressão, Norah continuou sua corrida triunfal. Onde quer que a jovem princesa pisasse, castelos se erguiam...

Eu queria ver o milagre, entender. Naquele ano, meu trabalho de jornalista me conduziu ao Salão de Exposições Tony-Garnier, de Lyon, abarrotado. Eu não acreditava muito, tinha a cabeça cheia de preconceitos e fiquei espantado por assistir a um concerto arrebatador ao invés de uma apresentação sem graça que a música de Norah Jones parecia

Jazz Ladies

Madeleine Peyroux, 2005.

Fred Astaire, c. 1935.

anunciar no palco. Diante de um público familiar e heterogêneo, Norah não parecia uma cantora de jazz, mas, sobretudo, uma elegante intérprete de folk. Sua doçura se prestava maravilhosamente às reprises tiradas quase que fielmente de seu álbum *Feels Like Home*, de compositores americanos cultuados como Townes van Zandt ou o grande Tom Waits, seu ídolo que, disse ela vermelha de emoção, lhe enviou algumas demos. Norah apresentou ao público um repertório afiado. De repente, preferimos esta fresca matinê caipira de country à banalidade do belo (*Come Away With Me* e cia.). E tanto faz se a jovem artista não mostrou nenhum jogo coreográfico barulhento e nem tenha tocado piano de forma genial. Ela começou a perceber – e nós percebemos com ela – a estrada que deverá trilhar. A música *de raiz,* os *crossroads* de Hank Williams. Um futuro para o jazz, do qual os sabichões esperam a queda a qualquer momento, preferindo por zelo colocar o canto feminino nas mãos das divas do passado.

Madeleine Peyroux também gosta de Hank Williams e os crossroads. Pouco tempo após ter saído o segundo disco de Norah, ela decidiu voltar – coincidência engraçada – com sua própria sequência, *Careless Love* (2004), que provocou o mesmo entusiasmo que *Dreamland*. A terra dos sonhos deu lugar ao amor negligente. O romantismo se pintou de preto. Deixamos Norah para louvar sua antecessora, mais sensível. A obra começa com uma maravilhosa reprise de Leonard Cohen, "Dance Me To The End Of Love", transformada em clássico dos anos 1920. Ouvimos também uma versão profunda e emocionante de "Weary Blues", de Hank Williams, compositor ilustre que se apagou em 1953, no banco de trás de seu Cadilac rosa, como uma vela cansada, com apenas 29 anos de idade. Nós nos acostumamos novamente ao lado bruto e feminino de uma mulher sublime, indiferente à indústria, à sua vontade de jamais refinar sua imagem, de nunca se transformar em ícone glamour, em Diana Krall. Consumida pelo nervosismo da estreia, ela entrou em cena, imóvel com sua guitarra, os cabelos castanhos lisos, sem nenhuma grandiloquência nem aparatos decorativos, como costumam ser as cantoras de folk autênticas, infelizmente incapaz de direcionar sua bela música rumo à existência, esta emoção que ouvimos em seus *discos*. "Eu não sou uma diva", repetirá ela. Retornou sem dúvida para retomar o cetro daquela que durante estes oitos anos a despossuiu – Norah – e, mais uma vez, não resistiu à pressão e fugiu dos jornalistas e das câmeras. Deixemos Madeleine eternamente desaparecida. Sua gravadora, Universal, parece ter até contratado um detetive para encontrá-la. Talvez um belo golpe publicitário! Quanto à Norah, ela não se dissipou.

Ode amorosa às glamorosas Diana e Dianne

Antes de Norah Jones, os olhos do público acariciaram Diana Krall, a única e inigualável. Ela triunfava e parecia que ninguém poderia desbancá-la. Ela reinava sobre as jovens ninfas do jazz que as gravadoras se lançavam aos pés. Diana Krall é uma estrela, uma das belas e nobres estrelas que cresceu fora do confinamento dos clubes. Loura, doce, adulada pelos maiores artistas, ela é capaz de reproduzir o esquema do jazz tradicional sem jamais nos cansar. Qual é o motivo de nossa admiração? Ela? Suas notas românticas? Sem dúvida um pouco dos dois, mas nossa fascinação faz parte da interação entre essas duas riquezas... Ela sempre sonhou vestir o hábito um pouco esvoaçante de um Nat King Cole. Tornar-se um "cantor de charme" lhe atraía, ela cuidava de sua lourice brilhante de saúde e de seu rosto dourado que estranhamente comparava ao de Buster Keaton. Nascida em 1964, em Nanaimo, uma cidadezinha sem brilho na Colômbia Britânica, será que ela sofreu por não pertencer ao famoso triângulo Nova York-Londres-Paris? Ela trabalhou muito para entrar no templo e construiu seu cenário de prestígio, um esplêndido Cinemascope em Technicolor.

Nat King Cole, c. 1952.

Quando ela está ao piano, o mundo para, sua imaginação voa, seus desejos profundos se animam como num conto de fadas. Surge então um vasto salão de baile com o piso encerado, cortinas de tule branco, de onde parece surgir um gracioso Fred Astaire. A luz de Diana irradia, seu brilho explode, o azul de seus olhos imensos nos inunda. É um jazz de luar, um jazz champanhe para apaixonados das noitadas. Nenhum desses perfumes inebriantes diz, contudo, o que ela é: uma mágica voz branca, não a infinita diva que esperávamos, mas uma passante deliciosa, cheia de suntuosidade e mel. O público estava louco para saborear tal delícia no quadro idílico de Juan-les-Pins, de ver no que iriam dar as variações petulantes de Diana, como o mar e as fragrâncias das agulhas dos pinheiros levariam este romance sob o vasto negrume do céu. E estava bem receoso. Os preciosos artistas sempre chegam precedidos de rumores alarmistas, incapazes que são de viver sem esse psicodrama que gruda na pele. Em Viena, alguns dias antes, Diana havia subido ao palco, aparentemente desalinhada e despenteada, terminando o concerto em quarenta minutos.

Diana, 1996.

Jazz Ladies

Mas em Juan-les-Pins, esta noite, ela apareceu vestindo uma camisa polo escura, uma saia prateada acima dos joelhos, magnífica até em seu andar desajeitado e impaciente. Ela parecia querer acabar logo, encabulada de estar no palco, mas felizmente demonstrava extrema alegria ao piano. De vez em quando se virava, deixando seu excelente guitarrista, Dan Faehnle, tocar, e depois, de pernas cruzadas, entoava "I've Got You Under My Skin". A princesa então empurrava delicadamente o microfone, pegava uma toalha e limpava o pó das teclas do piano.

No decorrer desta linda noite, o amor, assim como os temas favoritos da artista – o diabo, os anjos, as contradições – que o público recebia religiosamente, flutuavam no ar. "Às vezes eu te amo, às vezes eu te odeio", cantarolava ela, sozinha, ao piano, uma música maravilhosa de sua amiga Joni Mitchel, falando talvez de suas amizades e da história de sua vida. O percurso de uma artista sombriamente lunar, que oferecia à cidade seu delicioso perfil.

Em 22 de julho de 2000, durante o concerto em Juan-les-Pins, eu me encantei com a imagem da cantora perfeitamente desenhada por uma iluminação escolhida a dedo. Ela havia atingido o status de estrela que poucos intérpretes de jazz alcançam, mesmo numa época em que a música congelou-se numa certa respeitabilidade acadêmica.

Albert Ammons, c. 1937.

Diana Krall é a vida feliz, longe das tragédias *à la* Billie Holiday. Ela viveu uma infância calma e brilhante, absorvida pelos velhos discos de seu pai, *Baby Elephant Walk*, de Henri Mancini. Muito cedo, seu professor de piano tocou para ela Albert Ammons, o rei do boogie. Ela apreciava esta maneira viril de atacar o teclado, mas não escondia seu gosto pelo rock: Phil Collins, Supertramp, Elton John... Levava à perfeição o sentido de família, o conforto, a harmonia. Sempre se definia nas entrevistas como uma pessoa normal, desgostosa às vezes com o que se dizia dela. Uma manchete da revista *Billboard* deixou-a irritada: "Eu não quero ser uma diva do jazz". Mas ela jamais soube realmente o que queria ser: uma diva ou uma terráquea, recusando-se a ouvir alguns julgamentos. Não, ela não possui uma sensibilidade particular ligada à sua condição de mulher. Evidentemente não escapou de um certo atavismo, de uma solidariedade combativa. Ainda muito jovem, comprou um disco de Mary Lou Williams, cuja importância na história do jazz ela ignorou durante muito tempo. Aliás, nem ligava. Mary Lou era uma mulher e merecia, portanto, que uma sonhadora da Colômbia Britânica prestasse atenção nela. Diana preferia os artistas do mesmo sexo, como a elegante pianista Marian McPartland, mulher do cornetista e maestro Jimmy McPartland (1907-1991) e uma espécie de modelo – se bem que a jovem admiradora, do alto de seus dezesseis anos, não hesita em lhe telefonar simplesmente para perguntar o que fazer de sua vida.

Marian, a inglesa nascida em 1920, naturalizada americana após o casamento, havia conhecido Jimmy na Bélgica, durante a guerra. Ele era o centro das atenções, mas ela saberia tirar proveito disso, personificando ao lado do marido famoso uma esposa sempre atenta à sua aparência e beleza, apesar das constantes viagens. Após muita luta, ela conseguiu penetrar no universo masculino do jazz. Em uma entrevista dada a Wayne Enstice e Janis Stockhouse (*Jazzwomen, Conversations With Twenty-One Musicians**), recordou sua entronização na casa do maestro Gene Krupa. Ela estava sentada no meio dos senhores, entre os quais Louis Armstrong. "Eles só me deixavam sentar porque eu era a mulher de Jimmy, senão eu era Marian *Ninguém*". Era a época em que as primeiras damas do jazz – entre as quais Marian fez parte – eram dominadas por machões orgulhosos, arrogantes, submissos à cerveja e ao uísque, na maior parte do tempo bêbados.

Gene Krupa, c.1938.

Diana não conheceu nenhuma experiência extrema com os homens neste meio. Desde os quatro anos de idade, dedilhava o piano, absorvendo a música dos antigos, carregava os mortos e aprendeu muito sobre o saudoso Jimmy Bowles, que foi o pianista de Billie Holiday, mas se felicitava por não ter que suportar a sombra de um herói sobre ela. Começou ganhando um concurso no Festival de Jazz de Vancouver. Graças à sua vitória, pôde ingressar na famosa faculdade Berklee de música, em Boston. Em seguida, não temos nada particularmente interessante a assinalar, a não ser uma vida em família, um faiscar quase comum de uma mulher talentosa descoberta pelo contrabaixista Ray Brown, marido de Ella Fitzgerald. E que rapidamente conheceu o sucesso e a independência.

* Indiana University Press, 2004.

Jazz Ladies

* Referência a "Cry me a river", canção interpretada pelas duas cantoras.

Ninguém sabe ao certo situar Diana. É jazz, claro, mas também é canção, melodia, o olhar pairando em frente ao piano, a cabeça levemente inclinada. Um corpo lânguido dentro das rendas. Seu primeiro álbum, *Stepping Out* (1993) e depois outros discos importantes – *Love Scenes* (1997), *When I Look In Your Eyes* (1999), *The Look Of Love* (2001) – exaltam o amor, o romance. Neste último volume, Diana chora rios de água* como o fez no passado Julie London (e sua interpretação não deixa nada a desejar se comparada à da ilustre ícone); ao seu redor, um leito de cordas a espera confortável, luminoso.

Célebre e celebrada, Diana desposou em 2003 um famoso compositor de rock, Elvis Costello. Suas núpcias inspiraram vários artigos: o cultíssimo Elvis, meio secreto e a cantora loura, popular e fascinante, de voz sedutora!

Desta união, nasceu no ano seguinte um disco poético, lento, contemplativo, *The Girl In The Other Room*, rico em composições assinadas por Costello. Diana oferece novamente o seu estofo à obra de outro, seu companheiro, porém mantinha uma distância prudente, como de costume. Esta associação amorosa coroava uma carreira em que o estrelato de Diana nunca foi pego em flagrante, mas era simplesmente um estrelato voltado para o romantismo, os sentimentos, a polidez, a elegância e agora o casamento. Sem esquecer o lirismo próprio à crooner de charme. "Eu penso com frequência no destino de Billie Holiday, que muito me inspirou", declarou ela à revista *Elle*. "Felizmente, eu não passei pelas mesmas dificuldades que ela. Sei que tudo pode desaparecer de uma hora para outra, e que eu talvez seja apenas a bola da vez." Ela contou que, no Festival de Cannes, costureiros famosos a vestiram, emprestaram-lhe joias magníficas, um lindo vestido e transportaram-na de limusine até a escadaria do palácio. Ela ficou ao lado de Catherine Deneuve e não conseguia acreditar.

Sem dúvida ela observa também incrédula o incrível fascínio que exerce sobre os homens. Clint Eastwood, grande apreciador de jazz, compõe para ela. Woody Allen, em seu filme *Anything Else* (*Igual a tudo na vida*, 2003), a contrata como uma glamorosa cantora de bar em Manhattan e escreve uma cena maravilhosa. Casais vão tomar um drinque ouvindo a diva sentada sobre veludo durante uma noitada em Lubitsch. O mito da cantora de clube vibrava com calor e lirismo.

No mesmo ano, Diana festejou seus quarenta anos, mas ainda não parecia tomada pela secura ou amargor que poderiam lhe ter inspirado as recém-chegadas à cena, às vezes até mais bonitas que ela. Ela resistia às rivais, cuja juventude as grandes gravadoras não paravam de exibir. Diana, confiante em suas composições e em sua voz, não esquecia também que havia tirado um pouco de cena sua antecessora, Dianne Reeves.

Diana ou Dianne, a Branca ou a Negra. Esta última, nascida em Detroit em 1956, continuou seu caminho sem se preocupar com a competição, consciente de sua beleza. O esplendor negro não vendia tantos discos quanto Norah ou Diana, mas a história poderia mudar a seu favor. Dianne trilha o maravilhoso caminho das grandes damas do jazz Ella, Billie e também, é claro, Sarah Vaughan, a quem ela homenageia num lindo disco florido e puro, *The Calling, Celebrating Sarah* (2001). Ela ama a tradição desde o seu primeiro opus *Wellcome To My Love* (1982), e navega com leveza do jazz clássico para o pop.

Clark Terry, c. 1955.

Dianne começou na big band da escola e ganhou o primeiro lugar em uma competição. A orquestra, enviada a Chicago, apresentou-se em frente à Associação Nacional dos Professores de Jazz, onde também estava presente um expectador experiente, o trompetista Clark Terry. Ele notou a vocalista e se apresentou a ela. A estrela de Dianne poderia se erguer e espalhar uma imagem formidável de jazzwoman – sensual, elegante e um pouco misteriosa também, haja vista a raridade com que concedia entrevistas, intocável, apaixonada por Paris desde que gravou um disco ao vivo, *New Morning* (1997), no clube de mesmo nome. Dianne, Diana... O jazz pertence à mitologia.

Jazz Ladies

Divas versus mães de família

Os tronos vacilam. A bola da vez é outra. O tempo passa e cada nova cantora que chega parece empurrar a precedente em direção ao esquecimento e à velhice. O jazz romance aplica sua lei severa, como acontece às modelos de passarela. Cada uma cobiça o lugar de embaixatriz de sua música, um papel valioso, destinado a apenas uma pessoa. Assim, um punhado de candidatas surge todas as primaveras para murchar em seguida.

Dee Dee

Quando Diana Krall surgiu no início dos anos 1990, fez sombra a Dianne Reeves e também a Dee Dee Bridgewater, triunfante desde 1995, que festejava seus 45 anos e encontrava na França ouvidos atentos, o que já não esperava mais encontrar nos EUA, seu próprio país. Dez belos anos passados a emendar comédias musicais, programas de rádio ou televisão, com espetáculos a meio caminho entre o cabaré, o jazz ou a canção. Quando um produtor precisava de uma jazzwoman, pensava em Dee Dee – nascida em 1950 em Memphis (Tennessee) de um pai músico, o trompetista Matthew Garrett.

Como as cantoras de sua geração, ela escutou rock e rhythm'n'blues, mas revelou primeiramente seu timbre quente numa big band ao lado de Thad Lewis e Mel Lewis, onde conheceu seu futuro marido, Cecil Bridgewater.

Dee Dee soube diversificar suas atividades. Associando o jazz à comédia musical, ela se sentia bastante serena, protegida contra as desgraças da idade. Após um período formidável que a levou ao seio do santuário, cercada por Dizzie Gillespie, Sonny Rollins ou Dexter Gordon, a música acabou por esnobar Dee Dee. Separada de Cecil, ela achou melhor gravar discos mais próximos do popular, que nós hesitaríamos ouvir novamente nos dias de hoje. Felizmente, o palco e o jogo de cena a fascinavam, e foi essa paixão que a levou para a França em 1984, para uma comédia musical intitulada *Sophisticated Lady**, uma obra de Duke Ellington. Ela gostou de subir no tablado e representar seu papel na Europa.

Descobriu um novo porto seguro, essa Paris que já havia acolhido lendas como Miles, Kenny Clarke, Bill Coleman e o pianista do Chicago Memphis Slim (retomando o exemplo de maravilhosos refugiados). Dee Dee não cessa então de crescer num mundo estrangeiro. Paris estava feliz por celebrar uma americana que às vezes caricaturava a cantora de jazz com caras e ares de estrelas de cinema, mas com um belo sotaque cantante. A artista apoderou-se de um lugar que estava vago. Os fran-

---
* Musical composto por Duke Ellington, em 1932, em pleno período "selvagem". Este músico, que amava as mulheres, escreveu "Music Is A Woman". Sua orquestra tocava sapateado, danças e todos os clássicos do mestre, de *Mood Indigo* a *Ring Dem Bells*.

ceses viam-na sempre em frente às câmeras, com os maiores do país, os políticos, durante inaugurações, festas, bailes e programas de auditório.

Contudo, ela não havia renunciado à carreira de cantora, e sua música, lançada pelo selo Verve, paira novamente pelas ondas de rádio, apesar de desaparecida das estações americanas. Na França, Dee Dee realizou o projeto que mais desejava: uma homenagem à sua diva Ella Fitzgerald (*Dear Ella*, 1999). E, no palco, o público era numeroso, pois seus concertos prometiam bom humor. Mas 15 anos bastaram, e as ameaças, vindas da América distante, enfraqueceram seu reinado.

O ano 2000 representou o seu declínio e ela se queixou conosco, jornalistas. "Quando Diana Krall surgiu, eu perdi um pouco de espaço, estava menos bem colocada nas prateleiras", recordou-se ela no inverno de 2005. "A Universal, distribuidora do selo Verve, focou na Diana. Isso no começo me deixou amargurada, mas não tenho vocação para a tristeza. Estou prestes a completar 55 anos este ano e não quero entrar em competição com intérpretes mais jovens que poderiam ser minhas filhas. Eu gosto da Norah Jones, que não se considera uma cantora de jazz. Sei que muitos não entendem por que eu fiz tanto sucesso na França. Eles bem que gostariam de seguir o mesmo caminho. Foi com essa intenção que Diana gravou um disco ao vivo em Paris. Nós fomos juradas em uma competição vocal em Washington e ela foi bem simpática comigo. Mas uma vez, nós nos reencontramos em um clube em Los Angeles e lá percebi que eu a irritava. Diana me perguntou por que os franceses não a amavam como amavam a mim. Tudo isso é uma pena, porque tem lugar para todo mundo. Eu não vejo por que uma cantora para existir deve destruir a outra."

Dee Dee se prepara para um difícil combate. Ela possivelmente enfrentará uma carreira não mais tão promissora e talvez fique um pouco decepcionada ou até irritada pela maldade dos críticos. Seu disco *J'ai deux amours* (2005),

homenagem prestada à música francesa, no qual estão incluídos clássicos como "Ne me quitte pás" e "Mon homme", despertou a ironia dos críticos: não era jazz o suficiente. Ela se irritou: "Por que os músicos podem investir em outras áreas, outros estilos, e as cantoras não? É machismo ou o quê? Estão sempre criticando o nosso estilo." A crítica outrora já havia fustigado a divina Sarah Vaughan e suas escolhas um pouco distantes do puro jazz. Dee Dee conheceu Sarah, de quem imita o vozeirão. "Eu a substituí em 1989 no festival de Juan-les-Pins. Ela estava doente. Eu estava apavorada. Esse festival é muito conhecido nos Estados Unidos e ter meu nome inscrito, aparecer nele era muito importante para mim." A divina Sarah via em Dee Dee uma cantora

parecida com ela e assistiu muitas vezes aos shows da jovem. "Mas um dia eu fui vê-la num festival em Nîmes", conta Dee Dee. "Ela se recusou a me receber. Eu não sei por quê..." Teria Dee Dee crescido muito para o gosto dela? Sempre a mesma história.

No caminho da glória, decididamente bem populoso, em que trilhavam estas damas, brilhava outra figura lendária. Mais jovem que Dee Dee, Cassandra Wilson, nascida em 04 de dezembro de 1955 no Mississipi, rainha do glamour, como sugere o título de seu disco Glamoured (2003), era uma rival perigosa. Entre os anos 1980 e 1990, a filha do Sul dominou por causa de sua imagem, seu lado diva que o público adorava... Os observadores a viam como uma das mais importantes sereias surgidas nos últimos anos.

Cassandra, inspirada em Duke Ellington e Ella Fitzgerald, estudou piano clássico e guitarra. Seu pai, ele mesmo jazz-man, era professor de música. Sua mãe também brincava de ensinar música e venerava o soul. A jovem artista tirou proveito dessa educação da alma. Anos mais tarde, sua interpretação de "Vietnam Blues", de J.B. Lenoir, gravada para o filme de Wim Wenders, *The Soul Of A Man* (2003), propagaria sua melancolia orgulhosa e arrastada.

Cassandra Wilson, 1992.

Cassandra nos remete às cantoras modernas, bem criadas, bem educadas e tranquilas, lindas e prodigiosas. Ela cuidava de sua imagem, suas poses, como um objeto de desejo, mas ao contrário de suas antecessoras tudo era proposital.

Ela escreve as letras, escolhe os músicos, é segura de si, foge do estereótipo. Detesta frequentar os diversos festivais de jazz feminino, abundantes no verão. Por que ir? Desejaria ela encorajar essa forma de gueto? Também deseja o equilíbrio dos dois sexos e não ignora as lutas sociais que suas antecessoras travaram para que pudesse exercer sua profissão em total liberdade. O pianista Jacky Terrasson prefere hoje em dia evitar falar sobre sua colaboração com Cassandra em *Rendez-vous* (1997). Parece que a diva mostrou-se exigente e intolerante como uma personalidade de seu tempo. Ela ama? Ela vibra? Não saberemos jamais. Cassandra protege sua vida particular, convencida do poder etéreo que exerce sobre o público. Se tocasse o chão, ela perderia a magia, e a magia em Cassandra era um bom investimento numa época em que as rainhas eram raridade.

Outras vozes não se preocupam com esse mistério que parece tão valorizado pelas lendas da história. O jazz romance penetrou definitivamente em nosso cotidiano, renunciando à ostentação. Cantoras, boas mães de família, não aceitam sacrificar sua vida particular em função da carreira. Menos brilhante que Cassandra, a canadense Molly Johnson, revelação tardia graças a dois discos – *Another Day* (2002) e *Molly* (2004) –, passa uma imagem de vocalista educada, serena, em harmonia com sua feminilidade e sua família. "Eu tento fazer o melhor que posso. Gosto de preparar as refeições de meus filhos, voltar para casa para jantar com eles. Antes de vir a Paris, deixei seis jantares na geladeira para a minha família. Eu me sinto próxima de Anita Baker, que também tem filhos, uma família e faz o possível para que suas ausências não sejam muito prolongadas. Eu não sou Diana Krall nem Norah Jones, não poderia ficar na estrada durante seis meses seguidos. Morro sem meus filhos..."

Anita Baker, 1988.

Sara Lazarus, 2004.

Ela mostra sua diferença, sua normalidade, como Sara Lazarus, cantora americana que se instalou em Paris e ganhou em 1994 o famoso prêmio Thelonious Monk (diante de um júri de peso formado por Shirley Horn, Jimmy Scott etc.). Herbie Hancock, entusiasmado, quis produzir seu primeiro disco, mas Sara ousou recusar a oferta, preferindo primeiro se realizar no casamento e na maternidade. Ela queria ter filhos. Presenciara tantas vezes o declínio de cantoras perdidas após terem sacrificado tudo até a desonra pelo desejo de fazer música. Após ter constituído uma família, Sara finalmente decidiu gravar seu primeiro disco com o sugestivo título *Give Me The Simple Life* (2005).

Cassandra, Diana e Dianne brilhavam, mas em torno delas floresciam jovens mais comuns. Boas-vindas às mulheres medianas do jazz. Será que sentiremos falta?

"Billie Holiday não voltará", afirma Molly Johnson quase em coro com a escolha de Sara pela família, a qual ela foi a primeira a apoiar. "É comigo que vocês

Carla Bley, 1987.

devem falar agora. Eu não fui enganada nem abusada como Billie. Sei quem foi meu pai, tenho uma vida boa e não sou drogada. A geração de meus pais se esforçou para nos proteger e eu lhes sou muito grata."

Molly parece esquecer que Dee Dee, como Billie Holiday, foi violentada durante a sua juventude e que ela ficou marcada a ponto de interpretar o papel da ilustre mártir no palco, na peça *Lady Day* (1986-1987). Dee Dee, quase meio século mais tarde, sofreu o racismo, mas não atravessou a mesma tragédia que sua infeliz e grande inspiradora dos anos 1930. Ela retomou as rédeas de seu destino, evitando os obstáculos até fundar uma família; sua filha China também canta num tom mais soul.

O lar estável recruta as cantoras de jazz dos dias de hoje. Molly Johnson só fez sucesso quando já se aproximava dos 50 por causa de sua "preguiça", como ela mesma disse, mas também pela sua inclinação para a felicidade. Ela cantou rock antes de escolher o jazz pela sua audiência mais sofisticada, sua intimidade e sua verdade, a eterna mitologia encarnada por Billie. Sobre *Molly*, regravou "Don't Explain" (1945), de Billie Holiday. "Todo mundo é fã de Billie... Eu cantei esta música sobre a solidão tantas e tantas vezes. Meus pais a ouviam muito." Ela ouve a tragédia, mas não se aproxima jamais...

Mulheres sem rosto Molly, Sara e Dee Dee conseguiram preservar a maternidade, uma bela vitória após um século de luta, de desencantamento, mas ainda se inserem num formato tradicional. Contudo, algumas jazzwomen extraordinárias escolheram um caminho mais radical, realizando o sonho antigo, quase impossível, da mítica Anita O'Day: não despertar o desejo, ter o rosto esquecido, livrando-se do glamour inoportuno, para se fundir inteiramente na criação... Carla Bley, masculinizada, quase nunca ilustrou o papel brilhante das revistas. Conhecida por ser esposa do jazzman Paul Bley, ela é a mulher quase fantasmagórica cuja obra avança apesar de cerimônias ou superficialidades.

Carla Bley, 1982.

Nascida em Oakland, Califórnia, em 11 de maio de 1938, Carla Borg cresceu entre a igreja, a religiosidade da família e a música ensinada pelo pai. Ela aprendeu a tocar piano ainda no berço, mas também apreciava um esporte que praticava com muita habilidade: o skate. A escola a aborrecia, então, aos 15 anos, abandonou os estudos e preferiu tentar a aventura, viver. Conseguiu um emprego como vendedora numa loja de partituras, mas conheceu um músico de folk, fugiu novamente, apaixonou-se pelo desconhecido e passou a ajudá-lo no arranjo de suas composições. Acabou deixando-o para investir numa esfera que de repente começou a lhe interessar: o piano-bar. Depois disso, um nova-iorquino apareceu e levou-a para a costa antes de desaparecer, deixando-a para se virar sozinha. Ela foi trabalhar como recepcionista no Birdland, um clube de jazz, onde circulava com um colar de cigarros que vendia e, fascinada, perambulava em volta do palco e das orquestras. O brilho da cidade e dos espetáculos a excitavam tanto que ela agarrava qualquer ocasião que aparecia para tocar nos cafés. Um músico, Paul Bley, lhe fazia a corte. "Venha trabalhar comigo", ele propõe, "eu tenho um grupo. Você poderia escrever meus arranjos." Ela hesitou. Adorava interpretar músicas ao piano, mas colaborar com outro artista lhe deixava irritada.

Jazz Ladies

Carla deixava desconcertados os que se aproximavam dela. Vangloriava-se de gostar de maus elementos, de moças pouco recomendáveis e citava Anita O'Day, a rebelde, com frequência. Contudo, rapidamente seduzida, aceitou a oferta de Paul e se casou com ele em 1957. Mas não aceitou se confinar no papel que a sociedade esperava de uma jovem casada. Carla queria escrever, compor, trabalhava duro, levantava cedo para aperfeiçoar as harmonias, e à noite ia ao teatro em que havia encontrado um emprego como figurinista.

Movida por uma ambição devoradora, não levou muito tempo para se destacar e a partir de 1964 abandonou seus empregos precários para se entregar à paixão musical numa Nova York revolucionária, intelectual, do jazz livre de John Coltrane. Seu querido Paul lhe apresentou à constelação do jazz: Pharoah Sanders, Charlie Haden... Carla faz amizade com o trompetista Michael Mantler, nascido em Viena (Áustria), em 1943, com quem embarcou em várias aventuras. Juntos criaram a Jazz Composer's Orchestra Association (JCOA). Carla Bley não desejava se limitar à música; alimentava um projeto mais complexo, sonhando colocar-se no centro da arte e ter até mesmo um papel de organizadora.

Seus discos da época são testemunhas dos constantes projetos de crescimento: *Closer, Dinner Music, Tropic Appetites, Musique Mechanics*, e seu óvni, um álbum duplo intitulado *Escalator Over The Hill* (1968-1971).

GIL SCOTT-HERON

A criadora desejava içar-se ao apogeu dos músicos de seu tempo, a apenas alguns meses do lendário *In A Silent Way* (1969), de Miles. Valsas, inspirações sublimes e sons de big band constituem uma ópera jazz extasiante e profunda. Ajudada por estrelas do rock e do jazz – o trompetista Don Cherry, o guitarrista John McLaughlin, o baixista Jack Bruce, a cantora Linda Rondstadt –, e pensando em Duke Ellington e em Kurt Weil, Carla trabalhou durante quatro anos neste disco. Ela esperava enterrar a ideia preconceituosa de que as mulheres não podiam criar em grande escala, que eram incapazes de dominar a concepção de um oratório harmonioso e polifônico, empregando toda a concentração e determinação desejadas.

Que jamais poderiam ao mesmo tempo dirigir uma equipe, procurar patrocínio e reunir os melhores músicos; acontece que Carla provou o contrário. Ela não se deu por satisfeita apenas por compor e criou com Mantler, em breve seu segundo marido, o New Music Distribution Service, cuja proposta era oferecer aos artistas a liberdade para gravar e distribuir suas obras sem se sujeitarem às multinacionais. Carla sempre se queixou da obsessão mercantil das gravadoras.

Os produtores preferem o sucesso à qualidade. Ela sabia que seu *Escalator* e sua new music não entravam em nenhum formato e que havia outros artistas que fugiam à norma. Recusava a lógica do lucro e desejava se entregar à arte. "Isso nos impediu de desaparecer por completo", diz ela. "Sem saber até onde iríamos, construímos nosso próprio sistema no intuito de sobreviver." Nat Hentoff, o famoso critico de jazz, fala de socialismo engenhoso, o único capaz de preservar a independência criadora. Um gênio como Gil Scott Heron encontra na New Music Distribution Service o melhor canal para seu famoso *Winter In America* (1974).

Carla Bley representa a quintessência da musicista, cantora, chegando ao final da etapa após um século de má sorte, sofrimentos e humilhações. Ela é o símbolo da plenitude da mulher-artista.

Dee Dee Bridgewater

Nascimento das primeiras jazzwomen

W.C. Handy, c. 1936.

Cursos de piano nas igrejas As jovens de boa família aprendiam bordado e tricô, liam, preparavam-se, enfim, para serem esposas dóceis, de acordo com a educação do século XIX. Deviam também tocar piano se quisessem ter seu lugar no mundo. Essa educação formou a comunidade negra mais abastada de norte a sul. Na província, as famílias iam à igreja com roupas elegantes e as filhas cantavam ou tocavam órgão. Alguns anos antes, as leis da escravidão lhes proibiam se aproximar de um piano ou qualquer instrumento de corda. Quando a emancipação liberou a comunidade, a Igreja criou suas próprias proibições: uma mulher não estava autorizada a tocar guitarra nem instrumentos de sopro naquele lugar sagrado. Tal privilégio caberia aos homens. Para elas, seria o piano! Assim nasceu a futura jazzwoman, apaixonada por suas teclas pretas e brancas.

Os antigos se recordam de algumas pioneiras: o compositor e maestro W. C. Handy se lembra de uma trombonista chamada Netti Goff que acompanhava as fanfarras dos menestréis durante a década de 1890. Os músicos olhavam para ela fascinados e surpresos ao mesmo tempo. Um outro diz que conheceu uma certa Della Sutton, considerada a primeira trombonista de Nova Orleans.

Em 1900, muitas jovens, brancas ou negras, cercadas de corais e cânticos, sonhavam imitá-las. Elas viam na música um bom divertimento e uma forma de escapar aos afazeres domésticos. Escutavam ragtime, iniciavam-se nas harmonias clássicas e demonstravam grande habilidade instrumental tocando para si mesmas ou para a família. As mais audaciosas se abrigavam atrás da família e subiam ao palco porque tinham seguido seus irmãos ou irmãs. Os pais educavam todo o clã, mas depois abandonavam as mulheres pelo caminho.

Os arquivos marcaram seus rastros. Os da pianista Marge Creath Singleton, a primeira mulher no início do século XX a tocar em um barco a vapor, um desses barcos que desciam o rio Saint-Louis. Ela se lembraria durante muito tempo de um ambiente pouco cavalheiresco, um navio balançando sob os gritos dos marinheiros a bordo. A jovem artista se trancava em sua cabine, um jardim privativo

◁ Lil Hardin, c. 1932.

Jazz Ladies

ao qual seus irmãos proibiam o acesso. Marge conseguiu assim ganhar a vida sobre as águas ao custo de grande cansaço e lutas violentas.

Jelly Roll Morton, c. 1937.

A pianista sabia que sua presença ainda não era algo natural, nem realmente desejado, até a explosão da Primeira Guerra Mundial. De repente, outras Marge Creath Singleton eram necessárias. A sociedade se esvaiu dos homens que partiram para o combate no outro lado do Atlântico e dos trabalhadores estrangeiros, porque o Congresso havia votado leis que reduziam a imigração. As mulheres arregaçaram as mangas, substituindo nas fábricas de munições e nas estações de trem toda uma mão de obra masculina. O lar certinho se quebrou. O sexo frágil se emancipava sem querer, e quando a guerra acabou em 1918, uma nova geração – motoristas, poetisas, trabalhadoras manuais capacitadas –, que uma educação razoável formou em piano, arte, felicidade e esforço, triunfou. Cada uma delas participava da reconstrução do país e das grandes orgias noturnas. Os bares e os teatros trabalhavam até tarde. Os donos de cabarés tiveram a boa ideia de contratar mulheres. Custavam pouco, dominavam bem a técnica, pois tinham estudado bastante, e sabiam alegrar o público disposto a se divertir. Os reacionários continuaram, porém, a ridicularizar as "cantoras" e repetiram durante muito tempo a frase do campeão do machismo, o maravilhoso pianista de Nova Orleans Jelly Roll Morton (1885 ou 1890-1941): "No nosso meio, nós considerávamos o piano um instrumento para mulheres", confiou ele ao musicólogo Alan Lomax. "Eu não queria ser chamado de mulherzinha."

Jelly nunca esqueceu a primeira vez que viu um pianista, excelente, mas cujos cabelos ouriçados e longos denotavam uma sexualidade ambígua. Jelly não. Ele queria se casar e "viver como homem, no meio de homens", segundo a expressão que escreveria Lomax em seu livro *Mister Jelly Roll* (1950). "Até o dia em que, durante uma recepção, eu vi um senhor sentar-se ao piano e tocar um magnífico ragtime. Esse senhor tinha os cabelos muito curtos; decidi então que um homem podia tocar num teclado tão bem quanto uma mulher." Jelly ouviu os ensinamentos de sua professora, Miss Moment, negra nascida em 1874 na Louisiana, mas depois se zangou com ela. Ele queria tocar as músicas da moda, mas sua educadora não aceitava, então Jelly preferiu interromper o suplício. Ele nunca mais receberia lições.

E será que precisava? O jovem Jelly foi bem inspirado ao escolher um instrumento de "mulherzinha", porque foi esse instrumento que lhe trouxe fortuna e prazer nos bordéis, o único lugar em que se encontrava com facilidade piano... e mulheres! O único lugar aonde nenhuma Miss Moment viria lhe impor sua moral!

Aos homens, a estátua... Quando começou nos prostíbulos, Jelly Roll Morton cruzou com algumas jovens cantoras de blues lançadas muito cedo na aventura, entre o dom do corpo e a música. Mas que outra existência poderia levar a mulher negra? Vivendo em casas em ruínas, sob o sol ardente, às margens do longo rio Mississipi, ela perdia as esperanças, obrigada a suportar a dupla servidão imposta pelos machos brancos e pelos déspotas de seu próprio povo (o homem negro suportava apenas o jugo dos brancos). A colheita de algodão acabava com suas poucas forças, o chicote lanhava suas costas. Se ela renunciava à agricultura, era obrigada a cozinhar para um tirano doméstico, teria filhos com um marido inconstante, ou, pior ainda, com um proprietário branco. O casamento a expunha às maiores desilusões: as cantoras de blues se queixavam com frequência desse engano e da deslealdade masculina.

Então, para escapar, ela se prostituía ou tentava a chance de ser artista, duas atividades muito próximas uma da outra. Mas a segunda propiciava bem mais: os sonhos, as grandes noitadas e talvez um pouco de dinheiro. E lá estavam elas: Ida Cox, Trixie Smith, Sippie Wallace, Victoria Spivey, Bessie Smith e tantas outras, lançadas numa fuga incerta e perigosa, e ainda mais excitante, longe da escravidão de qualquer tipo. Essas mulheres que tinham escolhido as viagens e a peregrinação carregavam feridas pesadas e um estranho complexo, curando seu sofrimento através do blues.

Como escreveu mais tarde o sociólogo e poeta LeRoi Jones, o blues abriu as portas da cidadania aos negros. Após vários séculos de jugo, os antigos escravos possuíam, enfim, uma alma, sentiam-se americanos, traziam seus dotes para o país como antigamente o faziam as esposas. O nobre LeRoi Jones pensava em particular nos homens, mas sua reflexão justa valia ainda mais para as mulheres, que passaram o século XX clamando por respeito. E elas ainda estavam apenas começando.

Foi em Beale Street, Memphis, que teve início a mágica epopeia. Beale, bairro das putas, dos músicos e dos matadores. Os tiros pipocavam. Os cronistas falavam sobre uma partida de pôquer e o assassinato de um dos jogadores: seus parceiros, ao invés de se emocionarem, empurraram o corpo para baixo da mesa e continuaram o jogo. Os pedestres não prestavam mais atenção aos cadáveres estendidos nas calçadas. Lá, em um bar, cinco negros tombaram ao mesmo tempo com os corpos atravessados pelas balas. O assassino, um branco, foi absolvido. Ouçamos as belas histórias de Beale. A viril cidade de Memphis cultivava sua "boa" reputação de "primeira capital do homicídio". Os jogadores, cafetões e aventureiros se abasteciam de cocaína, morfina e álcool. Os bares transbordavam de música, risos, brigas e fumaça.

Ida Cox, Trixie Smith, Victoria Spivey e Bessie Smith.

Hoje, a estátua marcial do compositor W. C. Handy (1873-1958) domina o céu e as antigas feridas ainda vivas dessa artéria ardente que foi Beale. O homem de bronze teve a revelação do blues no início do século XX na plataforma de uma estação, numa noite úmida, esperando por um trem que não chegava. Ele foi despertado por uma música e procurou de onde ela vinha. Um vagabundo tocava em sua guitarra uma antiga melodia que brotava da noite, um queixume doloroso, tão bonito. Um blues. A música chegou à América no século XVIII a bordo dos trágicos navios negreiros, carregados de odores fétidos, sofrimento e morte. Os escravos, arrancados de seu continente, se uniam em um canto de pesar, um grito de revolta, com suas vozes rudes, roucas e partidas, o único tesouro que possuíam ao acostarem em um país desconhecido e hostil.

Ao publicar *Notes On The West Indies* em 1816, o viajante e observador George Pinckard manifestou sua surpresa ao ver os negros nas plantações: "Eles têm prazer em se reunir em grupos e cantar seus cantos africanos preferidos. A energia que eles utilizam fazendo isso é mais impressionante que a harmonia de sua música".

Nascia o blues, com seus 12 compassos, sua estrutura repetitiva e sua magia alucinada que propiciaria a gestação dos gêneros musicais do século XX, o jazz, e em breve o rock'n roll. A revelação blueseira só chegaria aos ouvidos do maestro William Christopher Handy um século e meio depois. Ele criou então uma música com tom mais chique e conservador. E foi lançado o blues! Handy compôs "Memphis Blues" em 1912, que acompanhou a campanha eleitoral do futuro governador Edward Crump, e a famosa "St. Louis Blues" (1914), tantas vezes regravada. Ele ganhou uma estátua e o título de "pai do blues". O homem triunfou e encontrou no panteão outro jazzman que ninguém conhecia. Seu nome era Buddy Bolden e ele exercia seus talentos no final do século XIX, ao ar livre, no meio das bandas de metais de Nova Orleans. Ele espalhava uma força quase cósmica, um sopro divino, tão poderoso que podia ser ouvido em toda a vizinhança. Até seu espírito foi levado por uma de suas batidas inflamadas e fantásticas, como Roland de Roncevaux*. Ele não voltou mais e o hospital psiquiátrico acolheu o que restou do trompetista que se apagou em 1931. Uma lenda colossal.

E as mulheres em tudo isso? Ausentes. Invisíveis. Bem longe de merecerem uma estátua, um colosso de Rhodes na entrada de um porto. No início do século XX, elas vegetavam nos bordéis da Beale Street, cantavam para a clientela antes de

---

* N. da T.: Personagem épico do poema mais famoso da Idade Média, "A canção de Rolando". Os "Anais Reais", crônica do reinado de Carlos Magno, falam da morte de alguns nobres, entres eles o conde Roland, um obscuro funcionário, numa emboscada em 15 de agosto de 778, nos montes Pirineus, quando voltavam de uma expedição contra os muçulmanos na Espanha. Três séculos mais tarde, os trovadores, poetas itinerantes se apoderaram deste fato sem importância e lhe deram uma dimensão épica.

oferecerem seus corpos aos senhores. O dinheiro fácil esperava as senhoritas que encontrávamos na Beale em 1910, 1915, nas esquinas dos bares que frequentavam escondidas de suas famílias: Lizzie Douglas, chamada de "Memphis Minnie", alcançou uma posição. Ela adorava sexo e ganhava dinheiro vendendo seu charme ou cantando seus lamentos, navegando entre o amor e a música, para a total felicidade dos clientes ávidos de carícias e de música. Uma moça bonita, essa Lizzie Minnie, mas de péssima reputação. Ninguém sabia que a puta harmoniosa se tornaria a melhor musicista de blues, figura ardente da liberação feminina...

Memphis Minnie, c. 1940.

A data de seu nascimento é desconhecida: 1894, 1896, 1897 ou 1900? Ela veio ao mundo a algumas milhas de lá, em Algiers, na Louisiana, um povoado sem alma, sufocada entre um punhado de crianças (doze ou treze), das quais várias morreram ainda muito jovens. Ignoramos os acontecimentos de sua infância, sobre a qual ela não se estendia muito, sem dúvida por não ter sido feliz. Seus pais, agricultores pobres, só se preocupavam em manter as terras e desprezavam sua descendência, cuja única função era servir-lhes. Desde que começavam a andar, as crianças deviam trabalhar nos campos de sol a sol. Lizzie logo soube que esse tipo de trabalho não lhe agradaria. Não tinha nenhum sentimento de apego à terra ou ao negócio familiar. Ela preferia ficar longe do campo, mas evitou ir à escola, esforçando-se pouco para ter um mínimo de leitura e escrita. Este saber lhe bastaria. E o resto de sua existência, ela conseguiu levar graças à guitarra que seu pai tinha lhe dado em seu aniversário, em 1904. Ela aprendeu a tocar, pedia dinheiro ao longo da estrada, e viajou. Preferia a incerteza da migração ao sofrimento. Durante um tempo, acompanhou caravanas e circos com os famosos Ringling Brothers, depois parou em Beale Street, Memphis, como uma cigana. Ela apreciava sua liberdade apesar dos perigos a que se expunha, um ambiente de homens de onde retirava todos os ensinamentos, uma firmeza salvadora para seus futuros romances.

Ela instalou-se em Nova Orleans certa de conseguir muito dinheiro. Começou então a semear amantes atrás de si, a dormir e jogar com todos os homens que encontrava em seu caminho... Um caminho vasto e ameaçador.

Jazz Ladies

...Às mulheres, o bordel Nesse sul devotado ao prazer, um pouco mais acima, pelas margens do Mississipi, ficava o bordel de Lulu White, The Mahogany, magnífico palácio com colunas brancas. Jelly Roll sempre disse que nesse lugar se apresentavam as melhores pianistas. A mansão de mármore de quatro andares abrigava cinco salões, quinze quartos e banheiros privativos. Spencer Williams (1889-1965), pianista, cantor e nobre compositor negro dos anos 1930 e 1940 ("Basin Street Blues", "Royal Garden Blues"...), revelado no espetáculo *Revue nègre* de Josephine Baker, se lembrava da "cúpula" de sua tia Lulu: "Eu adormecia ao som dos melancólicos ragtimes do piano mecânico, e quando acordava, na manhã seguinte, ouvia-os novamente." Um lugar bem maternal. O pianista e compositor Clarence Williams (1893-1965) falava de outra lembrança: "Imaginem os salões mais bonitos do mundo cheios de espelhos bisotê, drapeados, tapetes, móveis preciosos... E as moças que chegavam lá, vestidas como princesas que vão à ópera. Elas eram maravilhosas... algumas tinham o tipo espanhol, outras eram crioulas ou escuras, mas todas de boa aparência." Muitos músicos traziam a música para esse ambiente de doçura feminina e os prostíbulos pareciam castelos de contos de fadas.

Também era possível frequentar os bordéis de Josie Arlington, Bertha Wenthal e Gypsy Schaeffer, habitações quase vizinhas que o visitante acessava por longos degraus. Depois também havia a casa de Miss Antonia Gonzalez, cantora e cornetista, que convidava os pianistas.

Clarence Williams, c. 1930.

Em Nova Orleans, um "livrinho azul" circulava na época, louvando as delícias dessas casas alegres. O que é que ele dizia sobre Gypsy Schaeffer, por exemplo?

"Ela sempre fez questão de não estabelecer nenhuma diferença entre seus frequentadores e de cuidar para que sempre se divirtam em sua casa... Seus clientes são recebidos por um enxame de mulheres lindas e cultas. Quando vamos lá uma vez, guardamos uma lembrança indestrutível e ganhamos uma amiga."

Os "clientes" consumiam sexo ou preferiam ouvir as músicas no Fair Play Saloon, gerenciado pelo rico Tom Anderson. Desde 1911, havia uma lei que proibia as mulheres de frequentarem os bares. Alguns proprietários respeitavam a ordem, mas com Anderson não tinha jeito, então as excluídas corriam para lá, amontoavam-se no salão de trás, amavam-se, despiam-se, vestiam as roupas extravagantes que quisessem (já que do lado de fora os policias proibiam o sexo frágil de mostrar sua beleza de forma provocante), tiravam alguns dólares dos homens e cantavam. Um piano ocupava um canto, e a noite era sua. Numerosos eram os clubes que brilhavam assim até o romper da aurora.

Jelly Roll Morton, 1928.

O grande pianista Jelly Roll Morton, sedutor elegante, frequentava o Tenderloin District: "Os salões estavam sempre abertos. Centenas de jovens vestidas de 'menininhas' ficavam na porta do quarto cantando blues." Assim ele descreveu uma cidade atraída por essas vozes anônimas, primeira sedução musical feminina, em que se misturam o sentimento e o sexo. Ali, Jelly Roll aprendeu a conhecer as mulheres, as musicistas como a surpreendente Mamie Desdunes, uma vizinha de bairro, blueswoman sem dinheiro, pianista e guitarrista, de cuja mão direita dois dedos foram amputados. Apesar de tudo ela tocava e ensinava o blues a Jelly Roll.

O trompetista Bunk Johnson, de Nova Orleans, se lembrava de Mamie: "Eu participei de vários concertos em que ela tocou o blues. Ela era muito linda e tinha uma cabeleira maravilhosa. Quando Hattie Rogers ou Lulu White anunciava que Mamie ia cantar na casa delas, os homens brancos vinham numerosos e era um negócio da China para as putas."

Mamie morreu de tuberculose em 1911, aos 32 anos de idade, e foi quem inspirou Jelly Roll a compor a famosa "Mamie's Blues".

Jazz Ladies

A Primeira Guerra Mundial provocou uma parada brutal. Em 1917, enquanto os americanos entravam em guerra, as autoridades decidiram fechar o bairro de Storyville, amplo lugar de vícios e prazeres. Os militares temiam que esse antro desviasse o contingente de seu dever patriótico. As prostitutas teriam que ir executar seus ofícios em outro lugar, e junto com elas todo o cortejo de cantoras apaixonadas e seus amantes músicos. A vida mostrou-se cruel para essas mulheres expulsas dos bares e prometidas às calçadas. Assim nasceu a "chorona" da rua, artista anônima, desprezada, à sombra das estrelas masculinas, como Buddy Bolden e Jelly Roll Morton, que empunhavam seus revólveres e impunham respeito.

Na rua, Minnie transformou-se numa lenda. Ao longo do vasto rio, ela distribuía prazer, depois saía de Nova Orleans e voltava às ruelas de Memphis, seu território. Ela ia e vinha, entre gozos e música. Mas quem poderia arrancá-la dessa vida errante, quase fantasmagórica? Outra jovem, cujo doce nome era Lil Hardin, se fazia a mesma pergunta. Memphis e seus rumores as tomavam pelo diabo. Elas sobreviveriam.

A primeira estrela: Lil Hardin-Armstrong

O historiador de jazz que cavar arquivos musicais encontrará a cada dobra fotos de orquestras. Uma família de músicos fazendo pose, e é possível perceber homens, sempre homens. Ninguém inventara ainda o conceito de cantora. Uma presença feminina parecia improvável no meio dessas formações misóginas. Nenhum maestro acreditava na atração que poderia representar uma doce figura entre os instrumentos masculinos.

A orquestra de Bolden fotografada em 1902 exala uma estranha virilidade. Buddy soprava seu trompete como um deus para que toda a Louisiana o ouvisse. Talvez uma mulher pudesse temperar sua loucura? Mas as senhoritas eram mal faladas. Os críticos de jazz lamentavam sua falta de gosto no modo de tocar e não perdiam tempo investigando sua existência. Quantas musicistas estão hoje esquecidas por causa do preconceito desse tempo?

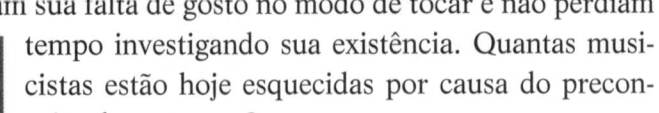

Alberta Hunter, c.1935.

As primeiras cantoras de blues e de jazz nasceram no final do século XIX, alguns anos depois da guerra civil, à sombra da escravidão e das plantações de algodão. Lil Hardin-Armstrong solta seu primeiro choro em 1898, em Memphis, no meio de um enxame de crianças das quais algumas morreram no caminho, mas os pais William e Dempsey Hardin semeavam descendentes. O lar desmoronou após a partida de William. Na história das cantoras de jazz, a ausência do pai precipitava a aventura. O pai de Alberta Hunter, nascida em 1895 e uma das maiores cantoras de blues clássico dos anos 1920, também desapareceu mais ou menos na mesma época. A morte simbólica do pai fazia explodir a tranca, liberando as correntes e marcando o início da emancipação e da revolta. Essas jovens vagavam entre bares e casas de tolerância ao longo da Beale Street. Abandonada pelo marido, a mãe de Alberta conseguiu sobreviver trabalhando como garçonete. Horrorizada, a pequena Hunter engolia seu desgosto. Ela não suportava olhar para as cantoras que tocavam na calçada oferecendo-se aos homens, como a jovem Memphis Minnie. O que fazer? Aonde ir? Casar-se? Sair de Memphis? Pela primeira vez, os negros foram autorizados a frequentar a escola. Alberta iniciou-se em história e geografia e descobriu o mundo, sobretudo Chicago, a terra prometida. Aliás, ela olhava com frequência pela janela da sala de aula sonhando escapar dali. Os antigos tinham lhe ensinado que as pessoas do norte estavam enriquecendo. Consciente desse desejo, sua professora Miss Cummings decidiu realizá-lo e a levou para lá.

Lil Hardin-Armstrong, c.1938.

Alberta chegou às margens dos Grandes Lagos e decidiu prolongar sua estadia, encontrando um emprego de cantora de bar após ter mentido sobre sua idade. "Eu tenho dezoito anos!", afirmou ela. Fascinados, os proprietários acreditaram nessa bela jovem negra do Sul com olhos de gato, doce e muito sedutora. Durante os anos de 1910-1912, ela cantou nos cafés – o Pekin, o Paradise Gardens, os clubes brilhantes e elegantes – nos quais produzia um efeito fantástico. Ela agiu certo ao deixar o Sul, pois em Chicago não venderia sua carne nem seu sangue. Os Yankees pareciam menos racistas que os sulistas e respeitavam mais as mulheres. Às vezes ela pensava em suas amigas, em Minnie. Miss Cummings a tinha deixado na casa de uma amiga da mãe, Helen Wilson.

A outra jovem de Memphis que não tinha pai, Lil Hardin, sonhava a mesma coisa que Alberta Hunter. Ela amava a mãe, Dempsey, que encorajava a filha a aproveitar a vida, apesar de seu sexo e da sua cor. E depois? A força da alma a tudo supera. Dempsey era muito dedicada à filha, tratava-a com carinhos e mimos, e esperava que a pequena Lil Hardin fizesse sucesso e seguisse caminhos mais luminosos que os dela. À noite, ela lhe contava histórias de escravos e criticava a sociedade injusta. Lil escutava. Em frente dela estava a avó Priscilla, nascida bem antes da guerra civil americana (1860-1865), que tinha carregado as correntes e assistido à vitória do Norte.

Lil sabia que a mãe tinha passado a vida servindo os brancos como cozinheira e garçonete até conseguir economizar um pouco. A jovem observava o mundo da soleira da porta. O ambiente da Beale e seus prostíbulos, os bares sinistros e casas de jogo eram como uma tentação diabólica, uma espécie de libertação. Beale soprava um vento de liberdade perigoso que as jovens souberam captar. Dempsey sabia o quanto a magia das ruas enfeitiçava Lil. Ela também tinha percebido a paixão da filha pela música. Ainda muito jovem, a menina aprendeu sozinha a tocar piano e adorava cantar. A mãe compreendia as vantagens dessa fascinação. Se a música penetrasse em sua alma, ela não seria enfeitiçada pela Beale e não entraria na prostituição e na desgraça. Dempsey decidiu, então, enviá-la à Universidade Fisk, na qual foi formado um grupo chamado Jubilee Singers, que encantava a região. Talvez Lil pudesse se juntar a eles? E depois a educação cristã que a faculdade transmitia com seus uniformes e suas regras fariam um grande bem à sua filha. Lá os professores não desprezavam as mulheres.

Apesar dos progressos musicais – ela praticava bastante nos belos pianos da Fisk –, Lil abominou a rigidez daquela educação e entrou em depressão. O que ela queria era viajar, amar. Então, não terminou os estudos e preferiu voltar a Memphis para tocar música. Mas de volta em casa, foi tomada pela angústia e decidiu emigrar para o Norte, como Alberta Hunter e todas as musicistas que conhecia. Ela convenceu Dempsey a acompanhá-la, e as duas foram para Chicago, a Cidade dos Ventos.

Lil chegou lá com 20 anos, o sorriso luminoso, o olhar risonho e lábios fartos que lhe desenhavam um rosto aberto. Fisicamente, era diferente, pequena, mais magra e mais esguia que as outras musicistas "cheinhas" como Alberta Hunter. A moda ditava mais curvas, mas de qualquer modo Lil era sedutora. Conseguiu um emprego de vendedora numa loja de partituras. Ela sabia tocar piano, o que era muito prático se um cliente pedisse para transcrever uma das inúmeras melodias expostas nas prateleiras. Tocava de maneira delicada, e sua habilidade agradava muito. À noitinha, frequentava os clubes de jazz, aproximava-se dos músicos e bebia um gole de vez em quando. Lá era possível dançar e se divertir nos finais de semana ou nas noites chuvosas, ao abrigo do vento gelado lançado pelo grande lago Michigan quando anoitecia.

Lil tinha reparado em alguns artistas, entre os quais um negro de Nova Orleans que atacava o piano martelando o teclado. Nada a ver com as pequenas melodias que ela interpretava na loja. Ela descobriu um deus poderoso, grande, e um nome cuja estranha sonoridade não esqueceria jamais: Jelly Roll Morton. Ele tinha uma maneira viril de tocar, e um pouco machista, dos negros do sul.

Lil o escutava surpresa e admirada. Quando o ouvia falar, ficava ao mesmo tempo chocada e atraída. Esse músico misturava uma certa elegância do Sul com modos de nababo. Ela tinha vontade de mostrar para ele do que era capaz uma "dama" ao piano. Poderia ela rivalizar com sua força? Não ousava desafiá-lo, o arrogante, o feiticeiro. Era melhor seguir seu caminho, frequentar outros cafés com letreiros luminosos onde o jazz rodopiava, faiscava e vibrava.

Lil queria contar suas experiências à mãe, mas Dempsey, tomada de pânico, não queria ouvir. Chicago a decepcionou e ela se arrependia da decisão da filha. Lil abandonou a sinistra Beale para se jogar num caldeirão que a empurrava para uma nova forma de prostituição.

A cabeça de vento não contava tudo. Dempsey ficou sabendo que a adolescente acompanhava grupos nos barulhentos clubes de jazz. Ela não podia impedi-la de ir, então lhe perguntou desesperada se nas noites de concerto poderia esperá-la na porta para levá-la para casa. Lil aceitou o combinado de má vontade.

Diante dos camaradas de grupo, mais velhos e sexistas, ela devia se submeter à mãe, voltar a ser uma mocinha e arriscar o descrédito junto aos instrumentistas negros quase iletrados, incapazes de ler uma nota, que admiravam tanto seus

Mrs LOUIE ARMSTRONG
And Her Kings of Rhythm

Exclusive Management
CHARLES E. GREEN
Consolidated Radio Artists Inc.
1619 Broadway N.Y.C.

King Oliver Band, Los Angeles, 1921. Da esq. para a dir.: Minor Hell, Honore Dutrey, King Oliver, Lil Hardin, David Jones, Johnny Dodds, Jimmy Palao e Ed Garland.

conhecimentos e aos quais ela ensinava solfejo. Lil conseguiu convencer Dempsey de não vir buscá-la mais, propondo ao baterista Tuk Hall, o mais cavalheiro entre eles, servir-lhe de acompanhante. Ela o apresentou, então, à mãe, que aceitou confiar a filha às elegantes mãos do músico.

Esse trato, contudo, não acalmou Lil, sempre em busca de emoções. O que ela mais queria era juntar-se a um grande grupo, conhecer músicos ilustres, ocupar seu tempo todas as noites em cima de diferentes palcos. Então foi ao Dreamland, depois ao Pekin, voltou ao Dreamland, ao Royal Garden, onde descobriu uma orquestra que marcaria sua vida: a orquestra de King Oliver (1884 ou 1885-1937).

O rei tinha chegado a Chicago em 1918, e nas noites de gala seu regimento se inflamava e as faíscas refletiam na superfície dos metais. Joseph Oliver, o fortão, berrava, trovejava, com gestos amplos, dominando as ondas sonoras como o deus Marte. Lil adoraria integrar um grupo tão brilhante. Mas como? King Oliver não possuía piano e os clubes não gastariam um único centavo para transportar tal instrumento e ainda confiá-lo a uma mulher. E King, o músico de olhar sombrio, talvez não aceitasse contratá-la. Lil conhecia esses homens pela reputação e desconfiava da força que tinham. Ela adorou Dreamland, com suas rampas douradas, os sofás de veludo, o público branco endinheirado que sustentava os artistas negros. Conseguiu encontrar seu lugar, fez amizades e conheceu Alberta Hunter. A origem geográfica comum fez com que se aproximassem. "Você vem de Memphis? Eu também." Isoladas num ambiente masculino, elas evocavam as lembranças da Beale e se protegiam da violência relatada por Mezz Mezzrow em *A raiva de viver*, maravilhoso documentário sobre a Chicago dos anos 1920.

Bebidas, brigas e amizades viris sacudiam as ruas, os clubes, e enfumaçavam as noites. Lil Hardin tentou resistir à tormenta, escondendo-se atrás de Alberta, cujo talento apreciava. Nenhum homem moveria a "rocha" Hunter, cantora excepcional e formidável mulher de negócios, a opulenta blueswoman capaz de arrancar os dólares da clientela branca. Os fofoqueiros diziam que essas musicistas grandonas eram movidas por compulsões lésbicas. Alberta teria sucumbido ao charme de Lil, a pequena e graciosa pianista. Sem chances: Lil só gostava de homens.

King Oliver, c. 1930.

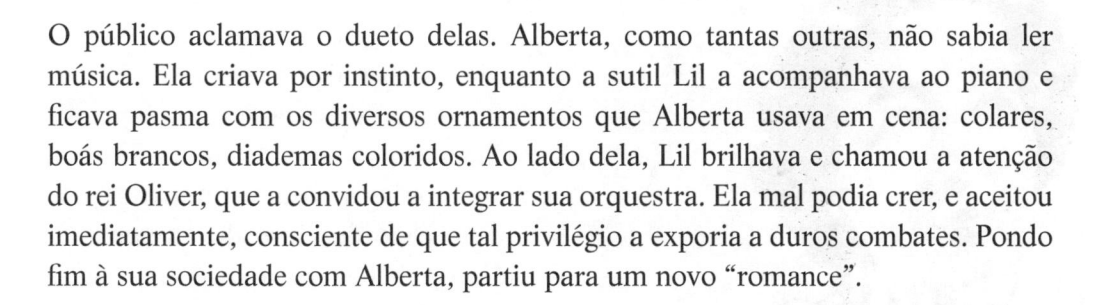

O público aclamava o dueto delas. Alberta, como tantas outras, não sabia ler música. Ela criava por instinto, enquanto a sutil Lil a acompanhava ao piano e ficava pasma com os diversos ornamentos que Alberta usava em cena: colares, boás brancos, diademas coloridos. Ao lado dela, Lil brilhava e chamou a atenção do rei Oliver, que a convidou a integrar sua orquestra. Ela mal podia crer, e aceitou imediatamente, consciente de que tal privilégio a exporia a duros combates. Pondo fim à sua sociedade com Alberta, partiu para um novo "romance".

Imaginem esse Joseph Oliver engolir a comida como o gigante Gargântua e depois dirigir o grupo como um general no front. Ele não brincava não, e cada músico tinha que obedecer às ordens. Ele percebeu que o rosto bonito de Lil traria brilho à imagem de sua "brigada". E depois, era uma mulher danada: um ouvido perfeito, um senso agudo para decifrar a música, qualidades tão raras na linha Nova Orleans-Chicago.

Quanto à jovem, ela entrou nesse grupo com passos cautelosos. Apesar de uma segurança audaciosa, ela demonstrava modéstia e se contentava por oferecer um bom apoio às orquestras que a empregavam. Sua técnica especializada era bem útil.

Lil, entretanto, abriu uma porta que mulher nenhuma antes dela tinha ousado nem mesmo entreabrir: penetrar numa orquestra masculina de Nova Orleans, uma orquestra de machos orgulhosos, de sopradores fervorosos e exaltados. Ela fez história, mas por que se vangloriar? Por que exibiria sua beleza para se distinguir? Lil já enfrentava o futuro dilema ao qual deveriam responder muitas mulheres depois dela: ser musicista, fazer esquecer o belo corpo e o símbolo. Que o público se interessasse primeiro pelo seu talento antes de ficar de olho em suas pernas.

Ela também se esforçava para proteger seu "jardim secreto", recusando qualquer envolvimento amoroso com um membro da orquestra. Os sopradores, de qualquer modo, pareciam muito velhos e muito feios. Ela estava pronta para se casar com um cantor chamado Jimmy Johnson, que já tinha sido apresentado à sua mãe. Esse rapaz tímido e um tanto medíocre a protegeria, o casamento a poria ao abrigo de cantadas e de rumores também, pois as más línguas tratavam as jovens solteiras como prostitutas.

Depois dessa decisão, ao abordar o mundo desconhecido e perigoso, ela tinha a ilusão de se sentir mais tranquila em sua vida e também dentro da própria orquestra. Contudo, as viagens continuaram a atormentá-la. A América racista a obrigava a enfrentar uma dupla segregação, aquela que punia os negros e as mulheres. O público tratava os músicos de King por "crioulos", enquanto a jovem pianista recebia injúrias, assovios e perdia o prazer de tocar. Lil sentia saudades da mãe, seu casamento a esperava e a Chicago abandonada ainda a atraía com sua noite fresca estimulada pelo brilho do chão de vidro do Dreamland. Decidida a voltar para os seus, ela se despediu de King e voltou para casa como pianista caseira, mãe de família no Dreamland, onde se amontoavam músicos barulhentos e líricos. "Quando King voltar, eu estarei aqui. Eu o receberei." Ele não a tinha possuído. Quem possuiria Lil? A jovem era dona de si, nenhum rei tocaria naquela que se queria rainha, "primeira grande dama do jazz". Ali, em sua casa, protegida, ela tocava o que o público pedia: marchas, valsas, canções do Sul e até blues. Ela ouvia a mãe lhe gritar aos ouvidos: "Blues? Essa música vulgar, imoral? Como ousa?" Sim, ela

Lil, c. 1940.

ousava, gargalhava, dormia pouco: "Ah! Chicago! Cantava-se e amava-se. E eu era eu mesma, Lil Hardin, a primeira dama. Dreamland cantarolava a meus pés."

Quando King Oliver voltou à Cidade dos Ventos, cansado e trazendo consigo a poeira da estrada, ela o acolheu. É isso aí, Joe, como você pode ver eu voltei a Chicago. Você está na minha cidade agora. Lil reparou num jovem trompetista que o rei trouxe em sua bagagem: Louis Armstrong. Naquela época, o Dreamland atraía muita gente, belos e elegantes artistas. As tentações espreitavam uma jovem tão sedutora como Lil, prometida, contudo, a esse cantor, Jimmy Johnson, a quem ela não via com frequência – será que ela tinha vontade? Os músicos de passagem a cortejavam. Louis Armstrong não dizia nada, mas pensava o mesmo. De qualquer modo, Lil não gostava muito desse baixinho do Sul, mal vestido, tímido, com maneiras rudes. Pelo menos era o que dizia. Mas no fundo, esse homem, nascido junto com o século, a seduzia e enfeitiçava.

King Oliver, c. 1930.

Lil e Louis beberam alguns drinques juntos e aprenderam a se gostar. Ela lhe ultrapassava em tudo, mais culta, mais eloquente, capaz de manter uma conversa brilhante. E ele? Ele se afundava no mutismo, embaraçado por um corpo muito forte, como que envergonhado de ser quem era. Ele se apaixonou por Lil discretamente, mas hesitava em avançar. Como poderia ele forçar o destino, fazer nascer o amor? Através de sua música, seu formidável talento de trompetista do qual ele não duvidava? Mas King Oliver o colocava de lado num papel de subalterno. Louis era melhor que Joe, que se recusava a admitir. Lil viu a superioridade de Louis e empenhou-se a puxá-lo para os holofotes. Ela o obrigou a comprar roupas mais elegantes, a espantar a sombra de King, a cuidar de seu dinheiro. As más línguas diziam que ela queria roubá-lo. A mulher bandida, prostituta, ainda era um mito popular. Lil ousou o impensável, despertou o

Jazz Ladies

orgulho de Louis sem muita pressa de se virar contra King, que escondia uma arma dentro do instrumento e vigiava ferozmente a tesouraria.

Portanto, a orquestra se desintegrava aos poucos sob os golpes do casal apaixonado: primeiro no palco, cujo jogo de ambos, em duo, queimava, inflamava. Eles se amavam e se respeitavam. Louis perdia peso e embelezava.

Ele ficava na frente do palco, apesar da recusa de King Oliver, e cantava também, transformava-se em um artista completo. Influência de Lil. "O que você fez com o seu salário, Louis?" Ela defendia seus interesses.

NASCIMENTO DAS PRIMEIRAS JAZZWOMEN

Lil, bem decidida a afastar Louis de Joe, levou seu amante, com quem se casou em 5 de fevereiro de 1924. Ao colocar a aliança, contudo, Lil ignorava que para a História sua carreira se reduziria a "mulher de Louis Armstrong". Que ela se transformaria numa sombra, à qual Mezz Mezzrow reservaria duas linhas em *A raiva de viver*: "Ao piano, aquela que viria a ser a esposa de Louis Armstrong." A primeira dama do jazz desaparecia por trás da musa do grande homem.

Os Hot Five, 1926. Da esquerda para a direita: Louis Armstrong, Johnny St. Cyr, Johnny Dodds, Kid Ory e Lil Hardin-Armstrong.

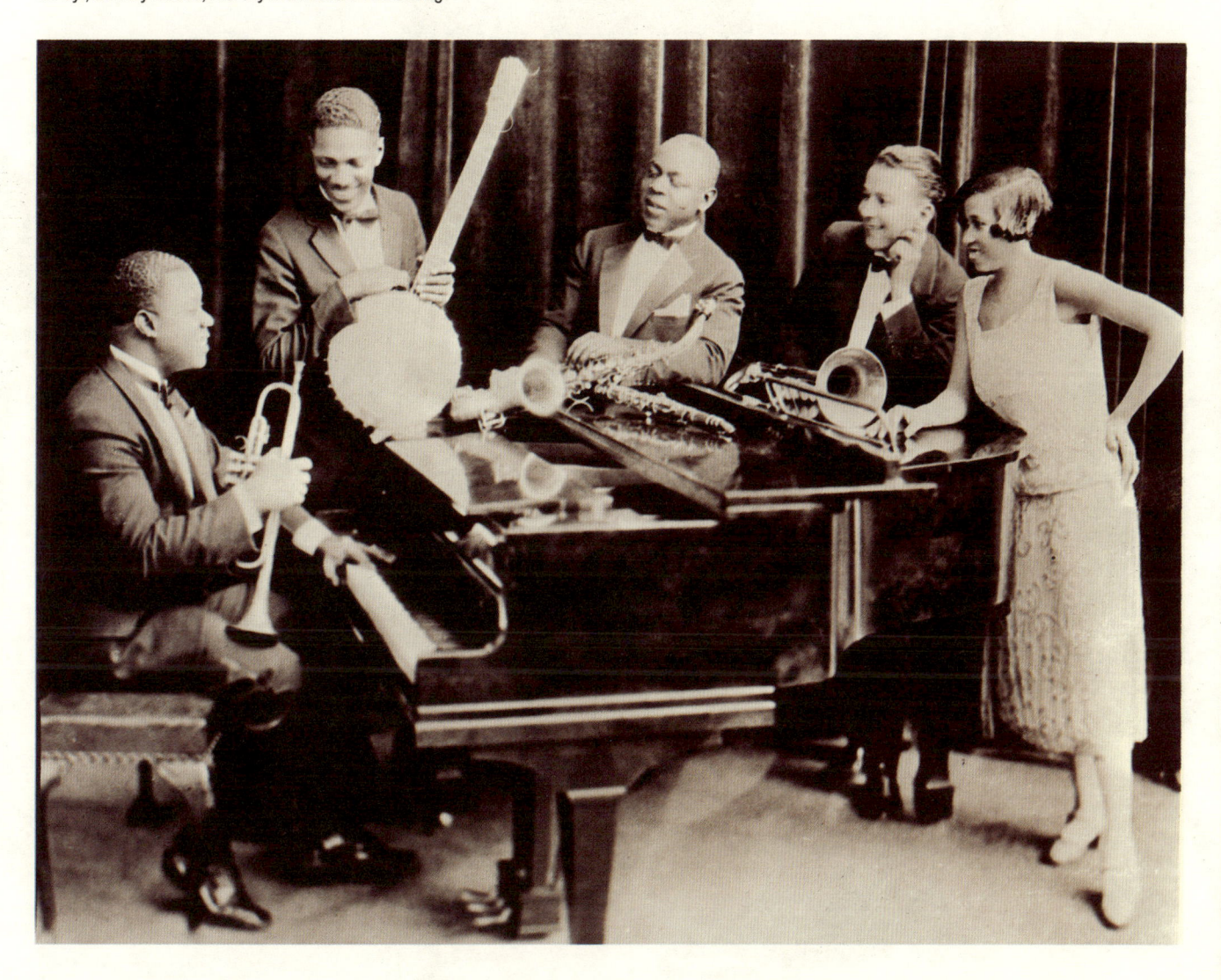

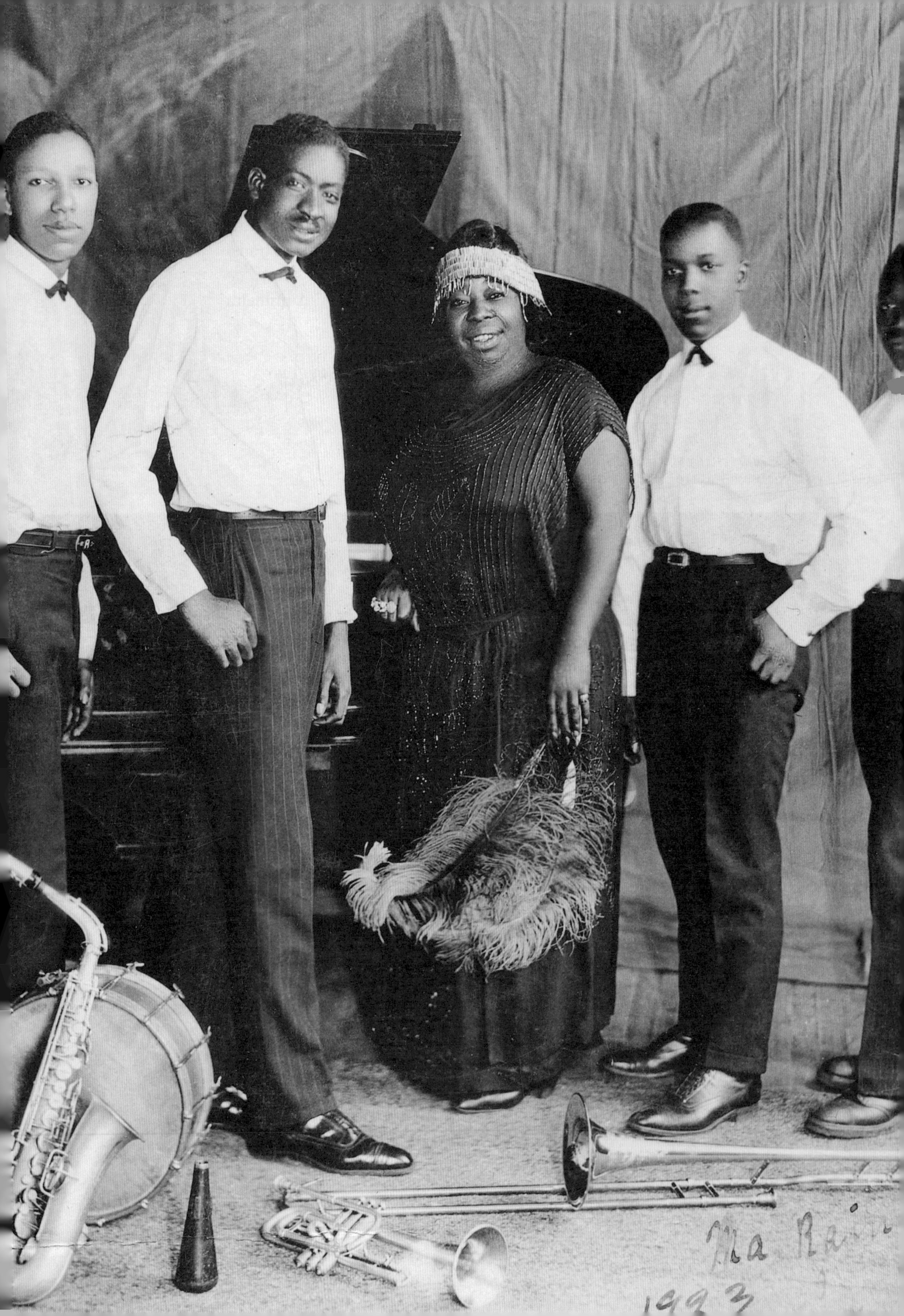
1923

As cantoras de blues clássico

Aquela que ouviu o primeiro blues "Para mim, ela é muito feia. É a coisa mais horrível que já vi na vida." O nanico Little Brother Montgomery, pianista de blues genial, não sentia a mínima atração pela negra que estava na frente dele. Ele não gostava dessa cara larga, do corpo enorme, olhava com desprezo para os dentes cinzentos, os braços em forma de presunto, cobertos de bugigangas. Tão brilhante quanto uma árvore de Natal, a cabeça com um diadema, ela arrastava suas malas pesadas, abarrotadas de vestidos e joias que tirava numa nuvem de brilhos, sob os olhos maravilhados do público amontoado à beira da estrada. O pequenino Brother evitava abraçar essa mulher muito poderosa para ele e cujos risos cósmicos o assustavam. Aquilo não era uma mulher!

Sim, emanava de Ma Rainey (1886-1939) uma sexualidade estranha e confusa. Mas ela fascinava, primeira estrela do blues clássico, a capitã de todas as estrelas novatas que apareceram durante a década de 1910, uma moda, as primícias de uma liberação feminina.

Desde o início do século XX, as jovens vagavam pelas estradas em busca de dinheiro e vida boa. Elas paravam nas cidades, subiam nos palcos dos teatros: Alberta Hunter, Lucille Hegamin, Ida Cox, Sippie Wallace, Trixie Smith, Sarah Smith, Mamie Smith, Bessie Smith... A igreja era o ponto de partida dessas errantes nascidas em sua grande maioria no final do século XIX, nas cidades de Kentucky ou de Macon, revoltadas contra o seu meio e a sociedade. Sippie Wallace (1898-1986) condenava seus pais batistas que a tinham iniciado na música sacra, mas que a castigavam quando ela tocava com força as teclas do piano, formando sons caóticos. A comunidade julgava nefasta a influência de seu irmão George. O rapaz escrevia, compunha músicas indecentes e entregava à irmã. Ele brutalizava o piano numa esplêndida orgia que a mais jovem tentava imitar. Uma senhorita negra aprendia as epístolas de cor, tocava os cânticos, mas não podia sair do caminho sagrado que lhe haviam traçado. Os pais Wallace confiscaram os livros de música ímpia e os substituíram por partituras edificantes. Ao chegar à adolescência, Sippie fez as malas e seguiu o irmão George para Nova Orleans.

Lucille, Mamie e Sippie.

◁ Ma Rainey e seus Rabbit Foot Minstrels, c. 1925.

Jazz Ladies

Edith Wilson, c. 1923.

Mais tranquila, quase branca, surgiu então Edith Wilson (1896-1981), de Louisville, Kentucky, cujas fotos imortalizaram o ar de jovem herdeira. A igreja também tinha guiado sua infância e seu aprendizado musical. Ela participava dos corais, das preces e ia assistir aos jazzmen regionais, algumas "viajantes" como uma tal de Sara Martin (1884-1955), outra cantora da região mais velha que ela que partiu muito cedo, atrás do dinheiro dos clubes e dos cabarés, antes de voltar à igreja. Edith afastou-se e visitou o país em plena mudança, por onde ecoava o nome da "grande dama dos diamantes", Ma Rainey, a rainha dos menestréis, a itinerante. Mais tarde, nas entrevistas que davam, Sippie, Edith e as outras reconheceriam a dívida que tinham com Ma e sua popularidade. Como escapar? A estrela da qual zombava Little Brother escrevia, dançava, fazia palhaçadas, cantava. Seus ouvintes se encantavam com seus contos, as histórias de antigamente. Nesse início de século, ela encarnava Eva, revelando à província americana uma serenata, uma música nova, rude, primitiva, cujos tambores hipnóticos eram ouvidos desde o final do século XIX.

Ela foi apelidada de "Eva" porque afirmava ter descoberto o blues, disputando a honra dessa revelação com um homem, William Christopher Handy, futuro autor das famosas "St. Louis Blues" (1914) e "Beale Street Blues" (1916). Aquele que publicaria suas memórias sob o título de *Father Of Blues* (1938) teria percebido o primeiro bluesman em 1903, numa plataforma de trem como já foi dito, no coração de uma úmida noite sulista. Ma Rainey o teria chamado de impostor, certa

Sara Martin, Clarence Williams e Eva Taylor, 1927.

de que ela havia encontrado um ano antes a primeira musicista de blues como por acaso, uma mulher. A ilustre Rainey animava uma caravana de espetáculos quando, durante uma escala, uma desconhecida carregando uma guitarra entrou em sua tenda e interpretou um blues. Que música estranha! Tão bonita e tão pungente! Ela mudaria para sempre a orientação musical de Ma e do século XX.

Ma Gertrude Pridgett veio à luz em 26 de abril de 1886 em Columbus, Geórgia, segunda filha de uma penca de cinco crianças e muito cedo infeliz: "negrinha", mulher e pobre. Três "deficiências" intransponíveis naquela época. Por sorte, mostrou muito cedo aptidão para a dança e para o canto, tanto que já subia nos palcos aos 4 anos, aproveitando a passagem em sua cidadezinha de caravanas e circos. A única maneira de fugir ao seu triste destino.

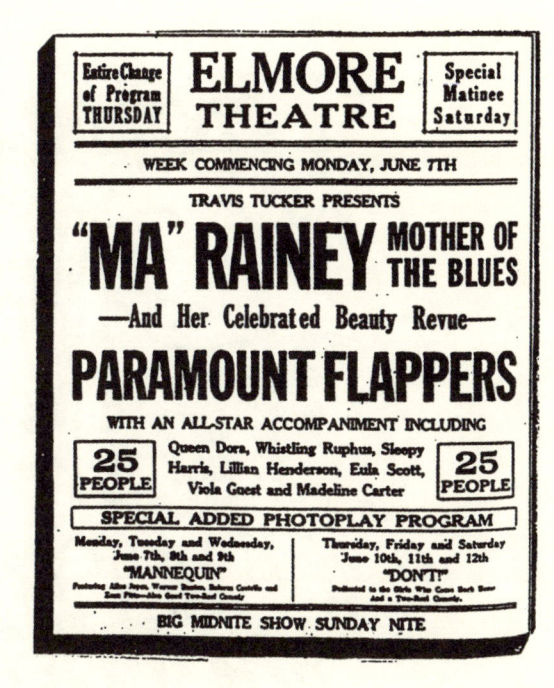

Junho, 1926.

No limiar daquele novo século, Ma, ainda criança, juntou-se aos shows de menestréis que acampavam na entrada das cidades com atrações como palhaços, acrobatas, malabaristas, encantadores de serpentes, cantores... A jovem partia e voltava para casa, e então partia novamente, crescendo rápido e impressionando os espectadores com suas bugigangas, sua voz, seus temas. Apesar de não ser atraente, ela encontrou seu príncipe encantado. Um cantor chamado Will Rainey que chegou um dia à cidade de Columbus e se encantou pela adolescente já popular no bairro e na região. Eles se casaram em 1904.

Gertrude Pridgett-Rainey teve a revelação do blues e começou a cantar dessa nova maneira: voz vibrante e sombria, sotaques rurais... Um estilo revolucionário. Sem dúvida para obter a simpatia do público, Gertrude adota o apelido de "Ma", apesar de sua pouca idade, e seu marido passa a ser "Pa"; o casal não levou muito tempo para se tornar popular, encantando as caravanas mais famosas dos anos 1910-1920, semeando amizade e emoção pelo caminho. Ma não se limitava aos personagens teatrais e ao seu trabalho, mas também gostava de acolher e lançar ninfas, dividir com elas sua paixão, a generosidade que o blues e seu romantismo lhe haviam ensinado. Quantos laços ela teceu em 30 anos de viagens através do país!

Ela se lembraria por muito tempo da jovem que descobriu em Atlanta, Geórgia, originária de um vilarejo chamado Chattanooga, no Tennessee. Ela se chamava Bessie Smith. Tão jovem, mas já dotada de longa experiência, chegou no começo como dançarina de uma trupe importante. Ma Rainey logo gostou da jovem negra, dona de uma graça felina, e não a largou mais, mesmo depois de ter partido. Ela ensinou e Bessie escutou, pousando em sua mentora um olhar desconfiado, iluminado de

Agosto, 1924.

orgulho e de violência. À noite na tenda, recordavam a estrada, o racismo, o amor, e dividiam as angústias, a perda do lar, a vida errante e a felicidade do espetáculo. Junto com Will, marido de Ma, as duas amigas conduziram uma caravana muito importante, os Rabbit Foot Minstrels – os "Menestréis do Pé de Coelho!". Bessie não ficou muito tempo, pois preferia os teatros, e voltou à cidade, enquanto Ma continuava a aventura.

Durante todos esses anos, Ma enriquecia e guardava dinheiro, enquanto as propostas de trabalho não paravam de chegar. Depois da Primeira Guerra Mundial, os Estados Unidos floresceram. Nas metrópoles brotavam palácios artísticos suntuosos: o Pekin, o Vendome em Chicago, o Lincoln em Lafayette... Os proprietários das salas fundaram um circuito batizado de Toba (Theatre Owners Booking Association), que conectava os music-halls dos vilarejos aos teatros das metrópoles no intuito de acolher os espetáculos a bons preços, o vaudeville negro.

As más línguas encontraram um novo significado para as iniciais do circuito: *Tough On Black Artists* (duro para os artistas negros), depois *Tough on Black Asses* (duro para as bundas negras). Essas "zombarias" denunciavam o desprezo dos patrões pelos artistas negros, muito mal remunerados. As mulheres tiraram proveito da situação: vestidas com plumas exóticas, fantasiadas de pérolas melancólicas, "mamas" corpulentas e maternais, elas traziam do passado os velhos ares dos blues ouvidos na infância. Cada uma delas exibia badulaques e colares, ícones moldadas nos sulcos da terra, imortais grandiosas elevadas pela adoração do público.

Certamente essas mulheres negras e selvagens viajavam escondidas, longe do Capitólio, no meio do perigo: de um lado, os homens de suas comunidades queriam recuperá-las e impedir que se entregassem ao desejo coletivo; de outro, as cantoras brancas sempre se recusavam a dividir o cartaz com elas. O Toba felizmente garantia às "afro-americanas" certa proteção e uma boa renda.

Como tantas outras, Sippie Wallace foi descoberta. Graças a um rosto redondo e infantil, com traços carnudos e charmosos, ela gozava do sucesso, enfim, depois

Bessie Smith, 1924.

Dezembro, 1928.

Outubro, 1923.

de um casamento fracassado. Talvez a juventude a tivesse levado a crer nas promessas dos homens. As mães não se preocupavam em ensinar valores cristãos às filhas, mas as convenciam de que era impossível viver sem um bom marido. O casamento às vezes fracassava, ou, ao contrário, favorecia o progresso das mulheres.

Magra e sensual cantora de vaudeville, a atriz e dançarina Lucille Nelson (1897-1970) se uniu, em 1914, a Bill Hegamin, aquele que seria seu parceiro pianista e compositor, ou seja, seu protetor.

Ida Cox (1896-1967) exauriu dois maridos antes de se acomodar sob a tutela do terceiro, Jesse Crump, seu diretor musical. Entre as vozes de ouro que fecundaram nos anos do "blues clássico", essa artista apresentava o melhor perfil, muito próximo das duas rainhas, a atual Ma Rainey e a futura Bessie Smith. Ida escrevia e queria o sucesso. Conseguiu a recompensa no final: um lugar próximo das duas soberanas.

Aquela que gravou o primeiro blues

De todas essas figuras, Ma Rainey, Alberta Hunter, Bessie Smith, Ida Cox e tantas outras, quem primeiro gravaria um blues e abriria o caminho da posteridade para as belas vozes femininas? A música e as técnicas evoluíam, as gravadoras que nasceram no começo do século XX tinham poucos anos de existência. A qual público elas se destinavam? Os produtores ignoravam, submersos pelas candidaturas.

Ma Rainey parecia ser a mais bem colocada para esse encontro com a história, mas o meio musical pensava talvez em Blanche Sophie Tucker, cujo sucesso despontou em 1915. Essa mulher de origem russa, nascida em 1884, cresceu no restaurante dos pais, onde aprendeu a cantar à noite nos jantares luxuosos. Ela gostava de agito, sempre apressada. Aos 16 anos, casou-se com Louis Tucker, de quem logo engravidou. Contudo, o marido desempregado não a ajudava e ela teve que trabalhar no restaurante da família para sustentar um marido desocupado e um filho chamado Bert. Essa responsabilidade esgotou-a de tal modo que ela se separou de Louis, entregou o filho aos pais e partiu para a aventura, juntando-se ao bando das jovens revoltadas. Elas colheriam a glória.

Os historiadores de música não foram amáveis com Sophie Tucker, pois ela representava a cantora branca, conformista, que parecia apagada ao lado das negras desafortunadas. É certo que essa imagem falseia a realidade de uma musicista mais intensa do que se podia imaginar. Ela trabalhou muito para a liberação feminina, transformando sua obesidade em uma sensualidade desenfreada da qual os jornais sempre relatavam os escândalos. Os observadores não a consideravam bonita e escreviam isso. Sofrendo, aceitou a oferta que os produtores lhe fizeram: pintar a cara de "negrinha", transformar-se numa artista negra. Aparecer escondida, pintada por ter vergonha de si mesma! Ela mostrou-se assim durante anos pelo circuito dos vaudevilles, dos teatros, e demorou a perceber que o público gostava dela sem a maquiagem. Sua corpulência transformou-se numa vantagem com a qual ela brincava como se fosse uma isca sexual ao mesmo tempo repugnante e fascinante, e tamanho era o benefício que ela se recusava a emagrecer (e seria ela capaz?). Que sorte! Ela se lixava para seu peso e sua sensualidade, e o público ria à vontade. Isso porque os vaudevilles que ela interpretava tinham humor, mas também certo engajamento político contra o casamento e a favor da igualdade dos sexos. Ela vestia calça comprida, vestimenta estranha aos hábitos da época, acumulando os escândalos até obter um grande sucesso e despertar o ciúme das cantoras negras e mulatas. Alberta Hunter a acusou de se inspirar nela, de roubar o repertório negro e "branqueá-lo" para agradar à boa sociedade americana, mais favorável às cópias do que aos modelos originais. Podemos até imaginar a cara de Alberta quando os jornais ousaram apelidar uma cantora negra, Sara Martin, de "a Sophie Tucker de cor".

A obesa engraçada incomodava todo mundo, mas trazia dinheiro e seus protetores previam para ela uma carreira fonográfica excepcional. Eles esperavam dela uma explosão no ano de 1920, e ignoravam que o nome Tucker ficaria para a posteridade como o de uma adepta da "nova música", o blues, que formaria a base musical do século que começava.

As horas de estúdio foram reservadas, mas a artista prestigiosa não apareceu. Uma febre a manteve na cama. O gerente da gravadora Okeh, Ralph Peer, não aceitou perder essas horas e procurou alguém para substituí-la.

Havia alguns anos um empresário negro chamado Perry Bradford (1893-1970) tentava convencer as gravadoras a prestar atenção ao formidável viveiro que seria o mercado negro. Se um disco circulasse na comunidade, o felizardo que o difundisse venderia horrores e estaria

Jazz Ladies

Perry Bradford e Juanita Hall, c. 1958.

Outubro, 1922.

rico. Perry ainda ouvia os produtores criticarem tal loucura: "Meu amigo, vocês está de brincadeira? As vozes negras são inconvenientes e vulgares. Nós não entendemos nada do que elas dizem." Pouco importa! Ele bateria na porta ao lado. Perry escreveu canções e criou espetáculos sem, contudo, aumentar sua notoriedade, mas seu percurso lhe permitia manter boas relações com as gravadoras.

Em suas memórias, *Born With The Blues* (1965), ele escreveu: "Existem milhões de negros em nosso país e esses negros comprarão discos se forem gravados por negros também; pois nós somos os únicos a poder cantar e interpretar corretamente os trechos de hot jazz como devem ser."

Quantas vezes ele defendeu essa ideia num momento em que as empresas fonográficas brancas enfrentavam ondas de revolta: os lobistas do Norte ameaçavam boicotá-las ou incendiar seus estúdios se uma pessoa negra não gravasse uma canção. Perry tinha razão em insistir, pois de tanto circular pelos teatros encontrou aquela que esperava. Ela não se chamava nem Ma Rainey nem Ida Cox, mas tinha um nome mais comum: Mamie Smith. Uma jovem acostumada à estrada, às viagens... como as outras! Uma revoltada... como as outras! Prometida à obscuridade. Mas um homem negro olhou para ela.

Vamos acompanhá-la desde o nascimento em 1883, em Cincinnati, Ohio. Ela começou aos sete anos de idade, dançando em uma trupe itinerante, os Four Dancing Mitchells. Durante a juventude, viajou com seus números; pioneira dos saltimbancos, ela na verdade precedeu Ma Rainey. Um pouco antes da Primeira Guerra Mundial, foi para Chicago com a trupe de um dançarino cômico, Tutt Whitney. Mama Gardner, nome de batismo, dominava as engrenagens do espetáculo, algumas vezes tocava piano, mas sempre divertindo o público com suas palhaçadas. Ela não conheceu seus pais, nem viveu uma infância normal. Sua juventude era um mistério e sua vida só começou em 10 de agosto de 1920. Mas e antes disso?... Ela se apresentava nos cabarés, nos bailes de Chicago, cantava vários estilos musicais, canção, vaudeville, comédia... A roliça e graciosa Mamie conseguiu um contrato na revista musical *Maid In Harlem* e chamou a atenção. Vários negros correram para assistir ao espetáculo. Entre eles, Perry Bradford se encantou com o talento da dançarina e cantora Mamie Smith, procurou-a nos bastidores e depois a convenceu a acompanhá-lo até os estúdios da Okeh, cuja militância incessante lhe permitiu entreabrir uma porta. Um lugar ensolarado aguardava a artista obscura e o produtor anônimo.

Foi assim que Mamie Smith entrou no estúdio em 14 de janeiro de 1920 para cantar um vaudeville, "That Thing Called Love", com uma orquestra de brancos. Bradford, após um duro combate, conseguiu convencer a companhia Okeh a oferecer o estúdio à heroína de *Maid In Harlem* e intensificou seu esforço quando a vedete branca Sophie Tucker abandonou a oportunidade por causa da doença. Mamie a substituiu e gravou desta vez um blues, cercada por um grupo negro. Perry se lembrará por muito tempo do ambiente rude. Informadas da chegada de Mamie Smith, as ligas de extrema direita tentaram impedir a "pretinha" de gravar uma "sem-vergonhice" de blues. Eles se prepararam também para incendiar os discos da empresa e saquear o local. Nenhum artista negro deveria ser vendido nas lojas. Mas o produtor e sua cantora não desistiram e marcaram sem saber uma data histórica: em 10 de agosto, Mamie Smith se posiciona em frente ao microfone para gravar uma música composta pelo próprio Perry, chamada "Crazy Blues".

Mamie Smith, c. 1923.

> *Now I got the crazy blues since my baby went away*
> *I ain't got no time to lose*
> *I must find {him\her} today*

*Agora eu sinto uma louca melancolia/ Desde que meu amor se foi/Não tenho tempo a perder/Tenho que encontrá-lo(a) ainda hoje

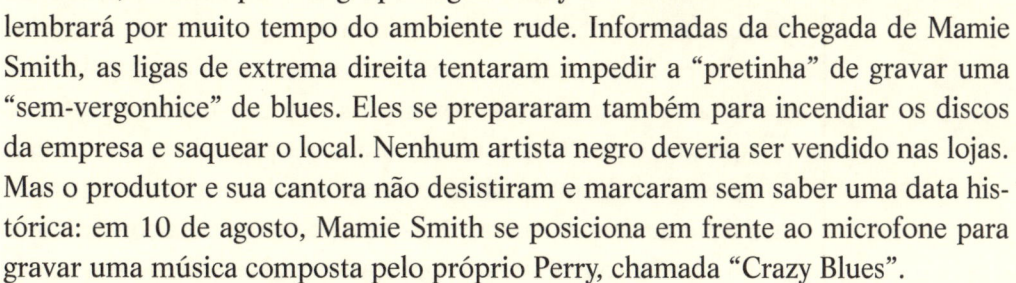

A prosa de "Crazy Blues" mostrava a temática comum das cantoras de blues sobre o sofrimento amoroso, a traição masculina, a escravidão sentimental. E o fato de um homem ter escrito isso não mudava grande coisa. A mulher continuava esse objeto de sofrimento e lamentos que a sociedade aceitava como realidade.

Durante essa famosa jornada de agosto, músicos muito bons cercavam a cantora: Johnny Dunn na corneta, Ward "Dope" Andrews no trombone, Ernest Elliot no clarinete, Willie, "The Lion" Smith ao piano e Leroy Parker ao violino.

Um fotógrafo registrou a orquestra e a cantora: as fotos decoraram a capa do disco. Ralph Peer e Perry decidiram direcionar a publicidade para o "mercado étnico". Eles inauguraram então um costume que hoje é comum: um disco seguido de uma turnê. Mamie derra-

Jazz Ladies

Dezembro, 1928.

Willie "The Lyon" Smith, c. 1935.

mou seu "Crazy Blues" nos palcos do Sul, no Dallas Coliseum invadido por uma multidão jamais vista. O público que tinha escutado "Crazy Blues" corria para ouvir e ver a intérprete "fantasma" em carne e osso. Essa escolha criou algumas decepções, pois a jovem não se parecia com as cantoras de voz rouca do blues clássico e interpretava as canções com uma voz clara, pausada e maneiras civilizadas. Os espectadores tinham imaginado outra coisa. Eles reclamaram da ausência dos músicos que tocaram no disco. Por que o cornetista Johnny Dunn não fazia parte da viagem? E o pianista Willie "The Lion" Smith? Ele também renunciou porque receava as turnês no Sul.

Nenhuma dessas mudanças, contudo, diminuiu o entusiasmo. O sucesso aguardava Mamie e os músicos sem que eles percebessem. Pelo custo de um dólar, o pequeno disco precedido por ressalvas elogiosas ("música com perfume tão novo") tem quase 100.000 cópias vendidas em um mês. "Era impossível passear por um bairro negro sem ouvir essa música", recordaria Alberta Hunter. Ele escorria pelos muros, ressoava pelo céu, e, no entanto, a maioria dos negros não possuía fonógrafo. A prosperidade de "Crazy Blues" ainda surpreende. Essa canção não possui nenhuma qualidade excepcional, aproxima-se de uma "tradição de conveniência". Mas pela primeira vez a comunidade podia escutar toda hora um som tradicional executado por músicos que estavam ausentes da cidade.

O distinto e respeitável W. C. Handy aplaudiu a primeira gravação popular de uma mulher negra. Perry Bradford venceu suas apreensões. O mercado negro fervia como ele havia prometido, e sem saber, ao empurrar o blues da cultura oral para a reprodução mecânica, ele garantiu para si um lugar de honra na posteridade. Os anos pródigos começavam para Mamie Smith, "a artista negra mais bem paga de sua época". Ela comprou um apartamento maravilhoso em Nova York (West 133rd Street), instalou um piano em cada cômodo, frequentava os melhores estilistas e colecionava vestidos luxuosos. Os barulhentos anos da década de 1920, os *roaring twenties*, ofereciam-se à feliz escolhida. Ela seduziu os maiores músicos negros, cruzou o caminho de Sidney Bechet e mais tarde do jovem saxofonista Coleman Hawkins e, sobretudo, convidou toda uma geração de sublimes vagabundos a dividir o banquete.

*Descobridores de talentos. Em 1923, a companhia Okeh criou essa profissão, enviando agentes em busca de talentos musicais no Sul.

O sucesso de "Crazy Blues" abriu a porta gloriosa a todas as cantoras negras que abundavam de norte a sul: as Ma Rainey, Bessie Smith, Memphis Minnie, Alberta Hunter, Victoria Spivey... Elas caminhariam em breve pela estrada da realeza. Os *talents scouts** percorriam os Estados Unidos à procura de novas vozes, esperando poder trazê-las até os microfones, enquanto os publicitários afiavam seus discursos. Cada gravadora em breve anunciaria sua "primeira jovem negra no catálogo" e diria (como a Columbia) que tal cantora negra agradava também ao público branco. E a multidão de admiradores aumentava, tanto que em 1921 Harry Pace criou a primeira companhia de blues e jazz, a Black Swan (Cisne Negro), assim chamada em homenagem à grande voz negra Elizabeth Taylor Greenfield (1817-1876), apelidada de "Black Swan". Como enumerar todas as vocalistas negras que espreitavam nas antessalas dos estúdios? Quem se lembra de Leona Williams, Katie Crippen, Gladys Bryant? Em contrapartida, no dia em que chegou ao estúdio do selo Black Swan, a jovem cantora Bessie Smith foi dispensada porque julgaram sua voz muito "negra", sua personalidade muito instintiva.

Os publicitários perceberam a fortuna que poderiam fazer com essas belas mulheres, fotografadas em poses glamorosas, com olhos pintados, bocas ainda mais sensuais por causa da maquiagem, enfeitadas como noivas, oferecidas à voracidade dos compradores masculinos. A música era o menos importante. O que importava mesmo era parecer bem, renovar constantemente o estoque de garotas como no amor, buscando no reservatório do Sul até atingir o nível de Mamie Smith, impulsionada ao topo da fama pelo menos por alguns anos.

Coleman Hawkins, 1925.

E as belas se atropelavam. Ida Cox, nascida Ida Prather em Toccoa, Geórgia, começou a cantar na igreja metodista africana e fugiu de casa aos 14 anos. Em 1923, seus lamentos já ressoavam nas "linhas" dos discos. Ela gravou bastante. Depois vieram Sippie Wallace, Lucille Hegamin, Clara Smith... Uma profusão de cinderelas se dirigia ao estúdio após vagar durante o primeiro quarto do século. Os produtores amansavam as mulheres selvagens e revolucionavam a música, incentivando esse blues feminino corrosivo e luxuoso. Nós vivíamos os anos loucos, anos nos quais a mulher, como na Europa e em outras partes, se emancipava ao alcançar o sucesso. Em 1923, Sippie Wallace destacou-se com dois sucessos, "Shorty George" e "Up The Country Blues". Mas outras, ambiciosas, se preparavam para destroná-la...

As mulheres selvagens travam batalha contra a Igreja e os homens

O mundo mudava. Trabalho não faltava. Ao longo da estrada que Lil Hardin e Alberta Hunter seguiam, na mesma época, pelas cidades, Ma Rainey, a camponesa, descobria a realidade de seu país, a opressão e a miséria. Ela não se contentava apenas por agitar os braceletes, mas observava as filas de presos à beira da estrada, em seu estado natal, a Geórgia, ouvindo o barulho das correntes nos pés das mulheres e das crianças. Ma via também o progresso e meditava sobre um futuro melhor. Como muitos negros no crepúsculo do ano de 1920, os Rainey

Jazz Ladies

Setembro, 1926.

ouviram um blues crepitante ressoar numa rua. Uma voz feminina berrava "Crazy Blues". Ninguém sabia de onde vinha esse som nem quem era esse "fantasma" esquisito que lamentava. Era Mamie Smith. O canto parecia eterno e convidava à viagem e ao prazer. Essa nova invenção, o disco, tinha invadido os vilarejos, e Ma adivinhou o quão longe esse canal mágico poderia levar sua mensagem. Ainda assombrada pelos uniformes listrados perdidos nos campos, ela se serviria disso para denunciar as desigualdades da sociedade. Muito cedo cantou "Chain Gang Blues" (1925), que homens (Charles Parker e Thomas Dorsey) tinham composto para ela. Nesse lamento, a feminista Ma imaginava a si mesma sofrendo com correntes nos pés.

* O juiz me declarou culpada, o escrivão assinou embaixo/ Muitos dias de sofrer, muitas noites de dor/ E aonde quer que eu vá, carrego uma bola de ferro e correntes/ Correntes nos meus pés, cadeados em volta das mãos/ É o preço a pagar por ter roubado o homem de outra mulher/ Foi hoje de manhã que eu tive minha sentença/ Noventa dias nas estradas da cidade, e o juiz nem ao menos sorriu

The judge found me guilty, the clerk he wrote it down
Just a poor gal in trouble, I know I'm county road bound
Many days of sorrow, many nights of woe
And a ball and chain everywhere I go
Chains on my feet, padlock on my hand
It's all on account of stealing a woman's man
It was early this morning that I had my trial
Ninety days on the county road, and judge didn't even smile*

Ma tinha ouvido seu público e acatado os pedidos das mulheres negras. A violência doméstica era outro tema em "Black Eye Blues" (1928), escrito por Thomas Dorsey:

> *Nancy and her man had just a fight*
> *He beat Miss Nancy 'cross the head*
> *When she rose to her feet, she said :*
> *You 'buse me and mistreat me,*
> *you dog me around and beat me,*
> *Take all may money,*
> *blacken both my eyes*
> *Give it to another woman,*
> *come home and tell me lies**

* Nancy e seu homem brigaram/ Ele lhe deu um soco na cara/ Quando se levantou ela gritou:/ Você abusa de mim, você me rouba,/ Você me maltrata e me bate/ Pega todo o meu dinheiro/ Depois de me deixar os dois olhos roxos/ (Você) dá esse dinheiro para outra mulher, volta pra casa/ e me conta mentiras

Ela lutava, utilizando ao mesmo tempo a eloquência e o punho para afastar o racismo dos brancos, mas também dos seus, que a tratavam de "macaca", ataque que sofreu com frequência. Às vezes se dizia cansada e pensava em comprar um pequeno teatro. Ela se agarrava às amizades, a essa Bessie, a bela e forte cantora. Ma, Bessie Smith e as outras... Elas atacavam o mundo, lançavam o feminismo negro, sem, contudo, manifestar solidariedade. A concorrência as enlouquecia.

No seu íntimo, Bessie via com maus olhos a aparição de Ida Cox no mesmo palco que ela, fantasiada de "Mae West escura". Vestida assim, Ida monopolizava os olhares. Essa rival perigosa também trabalhou como destaque nos Rabbit Foot Minstrels e não se contentava de cantar blues escritos por outros. Ela compôs canções que poderiam ser consideradas a alvorada do feminismo musical que se apressou em gravar no começo da década de 1920, depois de ouvir o "Crazy Blues" de Mamie Smith. Ela mexia com o orgulho das rainhas negras.

Ma Rainey

Sua letra mais famosa foi "Wild Women Don't Have The Blues" ("As mulheres selvagens não têm blues"), gravada em 1924, na qual se dirigia às infelizes que pareciam estar satisfeitas com o domínio dos maridos violentos.

> *Now when you've got a man, don't never be on the square*
> *'Cause if you do he'll have a woman everywhere*
> *You never get nothing by being an angel child*
> *You better change your ways and get real wild*
> *Wild women don't worry, wild women don't have their blues***

** Agora quando você arrumar um homem/ Nunca sejas honesta/ Pois se você for ele terá outras mulheres/ Você nunca consegue nada sendo um anjo/ É melhor você mudar e se transformar numa mulher selvagem/ As mulheres selvagens não se preocupam, mulheres selvagens nunca têm o blues

Quase 15 anos mais tarde, em 1939, ela escreveu outra polêmica, "Take Him Off My Mind" ("Expulse-o da minha mente"). Ida gemia deitada em sua cama, maldizendo seus quilos a mais e sua infelicidade. Ela estava doente por causa de um homem que lhe batia e maltratava. Sem dúvida teria gostado de matá-lo, mas o maldito colocou "alguma coisa nela".

Ida cantaria por muito tempo os infortúnios da mulher, nos quais afro-americanas vindas de longe – como Vitória Spivey (1906-1976), neta de escravos que, aos setes anos, ficou órfã do pai, morto num acidente enquanto trabalhava como agricultor – se reconheciam. Mais jovem que as outras mulheres selvagens, ela também foi atingida pelo "Crazy Blues" de Mamie Smith e pela beleza das Clara Smith, Ma Rainey e Sara Martin. Ela admirava-lhes as plumas, as roupas glamorosas e excêntricas das quais via as fotos nos teatros. Mas os anos engrandeciam a vaidade das belas, todas marcadas por clichês: Ma Rainey continuava a ser a "gargantilha de ouro" por causa do pescoço cheio de joias, Ida Cox desfilava sua elegância em vestidos longos, Alberta Hunter triunfava, vestida de cetim. Em Chicago, ela mostrou seu espetáculo, perfumada de erotismo, de cantos sensuais, de suavidade sexy. O público adorava e ela lotava a casa todas as noites.

Victoria queria encontrá-las e após a guerra (1914-1918), sem ter família para impedi-la, partiu da casa no Texas. Mentindo sobre sua idade, ela tocou bastante nos clubes, frequentou bordéis, bailes populares, casas de lésbicas e os becos dos antigos bairros de Houston. Seduziu vários músicos, entre eles o bluesman cego Blind Lemon Jefferson, um dos maiores artistas da música negra. Juntos, eles se divertiram bastante nesses anos pródigos que tornavam possível os sonhos mais grandiosos.

E esses sonhos Victoria Spivey realizou também. Como suas ídolas, ela conseguiu abrir as portas dos estúdios que sempre precisavam de gente nova e gravou em 1926 "Black Snake Blues". Infelizmente, uma série de acasos feriu-a profundamente; seu amigo Blind Lemon Jefferson gravou alguns meses mais tarde a mesma canção e alcançou um sucesso maior. Victoria, cheia de ódio, acusou-o até de ter lhe roubado a música. Em seus momentos de despeito ela invejava o sucesso de Mamie Smith, a "grande estrela negra do fonógrafo", que voava alto depois do sucesso de "Crazy Blues". Mamie montou a própria orquestra, mas suas viagens constantes desestabilizavam o grupo. Muitos dos membros fundadores do Jazz Hounds preferiram renunciar às viagens e ficar com a família ou assegurar contratos mais tranquilos. A cantora contratava os profissionais de acordo com suas escalas, o que desagradava ao público. A multidão, entretanto, aplaudia novos nomes, como o do saxofonista Coleman Hawkins (1904-1969), jovem prodígio de 16 anos.

Agosto, 1928.

Uma alma caridosa convenceu Mamie a contratá-lo. Então, a famosa cantora um dia foi bater à porta da família Hawkins, na cidadezinha de Saint Joseph (Missouri), para falar com a avó do jovem. "Você está maluca? Ele só tem 15 anos. Ainda é um bebê!", respondeu a senhora, numa recusa veemente. Mais tarde, Mamie voltou ao ataque e desta vez conseguiu convencê-la. Coleman entrou para sua orquestra, a Jazz Hounds, e aperfeiçoou sua arte à sombra de Mamie, que jamais foi considerada uma verdadeira cantora de blues. Os críticos deixavam essa honra para a prestigiosa Bessie. Não, Mamie preferia os vaudevilles, seduzindo um público branco persuadido de que ouvia ali um blues.

Dezembro, 1923.

Coleman se encantava com as viagens, os grandes teatros abarrotados graças à cantora, o dinheiro que corria frouxo. Quando Mamie parava por uma semana no Teatro Lafayette, no Harlem, arrecadava alguns milhares de dólares. Os músicos evitavam se queixar mesmo quando ficavam em hotéis medíocres em vez de palácios. Eles adoravam Mamie, se esforçavam para ignorar seu ciúme e ficavam nos seus lugares. A patroa fazia questão de ser a vedete, sempre pronta a rugir se fosse contrariada. Com frequência os membros da orquestra escutavam os gritos da cantora e de seu empresário, Ocey Wilson. Os dois se adoravam em um amor tempestuoso, passional. Mamie, casada com um bonitão que seus amigos nunca viam, nem por isso deixava de procurar outros homens. Ela bebia e amava com paixão.

Hawkins deixou-a em 1923. Depois de aprender tudo que queria, quis encontrar seu próprio caminho. Alguns meses mais tarde, casou-se com uma dançarina de Mamie, Gertrude. A Crazy Woman tentaria recontratar seu saxofonista genial, tirando proveito do poder que tinha sobre a noiva, ainda "propriedade" da estrela, mas Coleman conseguiu desvencilhar-se do domínio dela.

As belas cantoras abusavam da influência que tinham, atraindo em sua passagem músicos, amantes, maridos, companheiros de uma noite só. A imprensa se apressava em propagar os rumores e alimentar a reputação dessas mulheres fascinantes. Os faladores diziam que Bessie Smith e sua "mãe adotiva" Ma Rainey tinham um caso. Os jornalistas espionavam as vozes negras do blues. Uma noite, informada por vizinhos que se queixavam de barulho, a polícia chegou a um apartamento onde acontecia uma festa. Algumas jovens fugiram, mas a polícia pegou Ma Rainey bêbada e seminua. A pioneira tinha ainda nas mãos as roupas de outra garota. Ela foi presa por atentado ao pudor e Bessie foi buscá-la na prisão.

As heroínas se defendiam contra todos os parasitas amorosos. Bessie sempre afugentava os cafajestes inconvenientes. Um deles chegou a se vingar apunhalando-a

Jazz Ladies

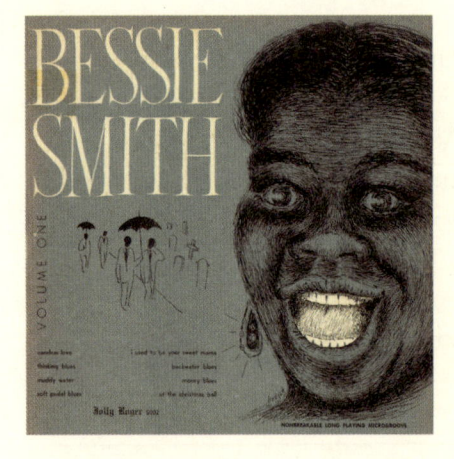

e causando um ferimento sem gravidade. As mulheres selvagens escondiam suas histórias de amor, casavam às escondidas e se divorciavam muito rápido, porque a artista destruía a esposa. Os historiadores não conhecem bem os maridos de Bessie, mas eles existiram, seres insignificantes que mal chegavam e já desapareciam. Como ela vivia? Os blues femininos falavam de amor, paixão, conquistas:

I got nineteen men and won't want more
If I had one more I'd let that nineteen go*
　　　　　　　　«Sorrowful Blues» (Bessie Smith, 1924)

* Eu tenho dezenove homens, e não quero mais/ Se eu tivesse mais um, deixaria os outros dezenove irem

Bessie e as outras falavam de rupturas e solidão, mas também do laço indestrutível que unia a afro-americana ao seu homem, apesar da traição. Elas criaram um novo romantismo ofensivo, incapazes de renunciar e desejosas de alcançar a liberdade e a independência ao preço de sofrimentos profundos. Ma Rainey chorava sua imensa solidão em "Blame It On The Blues"*, mas não podia culpar nem sua família, nem seu amante gentil, nem a ninguém. Mas então quem? O blues! Esse mal estar indefinível encontrava sua origem na grande luta cotidiana dessas mulheres para se afirmarem.

Valaida Snow, c. 1935.

O Renascimento negro atravessa os mares

Em 1924, a comédia *Chocolate Dandies* revolucionou o espetáculo negro. Ela foi escrita pelo pianista Eubie Blake, filho de um antigo escravo (aquele que um dia declararia: "Se eu soubesse que seria centenário, teria cuidado melhor de minha saúde"), e pelo letrista Noble Sissle. Uma atriz maravilhosa, Valaida Snow chamava a atenção. Nasceu na cidadezinha de Chatanooga, Tennessee, em 2 de junho de 1900, no seio de uma família de músicos. As irmãs, Lavada e Alvaida, cantavam e tocavam todos os instrumentos. A mãe ensinou-lhe os rudimentos do violino, do banjo e do bandolim. Mas um estranho instrumento lhe chamou a atenção: o trompete, no qual ela demonstrou grande habilidade, para grande pesar de seus professores. Tal instrumento, diziam eles, não convinha a uma mulher. Ela começou seu percurso musical aos 15 anos, determinada a lutar para impor sua música em detrimento da beleza, e conseguiu. Sua força e destreza explodiram nos clubes a ponto de lhe apelidarem de "Little Louis" em referência ao grande Louis Armstrong, o pai do jazz. Reza a lenda que o trompetista genial foi vê-la uma noite e lhe ensinou alguns "truques". Indisciplinada, desde cedo Valaida frequentou os clubes "quentes" de Chicago, aplaudindo a massa viril da grande orquestra de King Oliver e sonhando dirigir uma formação tão grande quanto aquela.

* Thomas Dorsey, Ma Rainey, 1928.

Sissle notou-a em *Ramblin'Round*, espetáculo em que figurava Blanche Calloway (1902-1978), cantora e maestrina, irmã mais velha de Cab Sissle e Blake, que eram conhecidos desde o sucesso de *Shuffle Along*, outro espetáculo negro apresentado na Broadway por várias semanas. Eles disseram não ao clichê e não mostravam em cena o que os brancos esperavam deles, ou seja, os negros felizes cantando sob os fardos de algodão, as mamas gordas com espírito brincalhão e folclórico. Nada disso: *Shuffle Along* e *Chocolate Dandies* propunham uma visão complexa e séria do mundo negro, e os brancos adoravam.

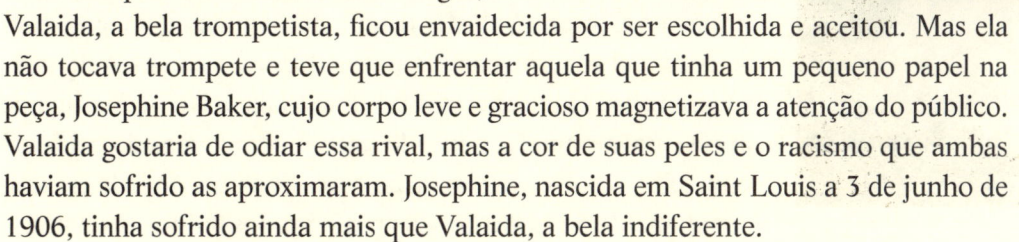

Blanche Calloway Orchestra, Kansas City, 1931.

Valaida, a bela trompetista, ficou envaidecida por ser escolhida e aceitou. Mas ela não tocava trompete e teve que enfrentar aquela que tinha um pequeno papel na peça, Josephine Baker, cujo corpo leve e gracioso magnetizava a atenção do público. Valaida gostaria de odiar essa rival, mas a cor de suas peles e o racismo que ambas haviam sofrido as aproximaram. Josephine, nascida em Saint Louis a 3 de junho de 1906, tinha sofrido ainda mais que Valaida, a bela indiferente.

Dizia-se que o pai de Freda Josephine McDonald, futura Josephine Baker, era um aventureiro de origem espanhola, vendedor de tecidos indianos, que desafiou os perigos do gueto para possuir a pérola negra Carrie, sua futura mulher. O casal pobre e boêmio não podia criar a filha e empregou-a com patrões brancos, dos quais a menina sofreu humilhações e abusos sexuais. Muito cedo, ela percebeu as injustiças e testemunhou as revoltas violentas que abalaram Saint Louis na época. Os brancos desempregados acusavam a mão-de-obra negra de roubar-lhes os empregos. Eles atiraram contra os moradores do gueto aleatoriamente, deixando 50 mortos nas ruas e milhares de desabrigados. "Saint-Louis era um lugar horrível, pior que o Sul mais ao extremo. Eu não esquecerei jamais os gritos do meu povo, o rosto de um amigo do meu pai rasgado por uma bala, uma mulher grávida a quem tinham aberto o ventre..."

Eubie Blake

Essas lembranças marcaram para sempre Josephine, que aos 13 anos saiu de casa e foi para as ruas, onde dançava e cantava para ganhar uns trocados. Ela foi garçonete em bares, frequentava os burgueses e escandalizou a boa sociedade ao casar-se com um homem bem mais velho, Willie Baker. Mas a jovem separou-se do marido porque a família dele a achava muito "escura" e voltou para as noites "quentes". Ela não queria continuar trabalhando como garçonete e percebeu que tinha aptidão para a dança e o canto. As tentações, os palcos ao ar livre não faltavam. Josephine subia no palco até a alvorada, esperando conseguir algum contrato que a fizesse escapar da sua vida de servidão. Um grupo, Jones Family Band, notou essa mulher alta e ágil e a contratou.

Josephine Baker, c. 1930.

Jazz Ladies

Josephine Baker, c. 1938.

Josephine se distinguia pelo rebolado selvagem, lascivo, talvez até demais para o gosto de seus patrões, que não ficaram tristes quando se separaram dela. Em seguida, juntou-se aos Dixie Steppers, dos quais a caçula recebeu toda a atenção. Essa trupe foi como uma segunda família e até ensinou-lhe a ler e escrever. A mãe, Carrie, nunca veio vê-la.

A aprendiz de artista queria se afastar de Saint Louis, do Sul, talvez ir para Nova York, para os lados da Broadway e seus 63 teatros com luzes brilhantes, ou então para o Harlem, que iluminava o Cotton Club. Lá triunfava o vaudeville negro, com seus requebros sensuais, fantasias bizarras e cantos de jazz. Quando Josephine encontrou Eubie Blake e Noble Sissle, que apresentavam um "espetáculo negro" com jovens de pele café com leite, resolveu juntar-se ao coro. Sua notoriedade cresceu rapidamente ao ritmo de seus requebrados felinos, a tal ponto que uma proposta inesperada chegou à "estrela desconhecida": uma mulher estava montando uma revista musical negra em Paris e procurava artistas. Josephine se apresentou prontamente, feliz de fugir de um país segregacionista e participar de um espetáculo de dança e de festa em um território novo.

A bordo do *SS Berengaria* em 25 de setembro de 1925, com destino à capital francesa, declarou: "Quando a estátua da Liberdade desapareceu no horizonte, eu soube que estava livre." Mas ela deixava uma nação racista para cair no clichê da África carnavalesca, com cintos de banana e coqueiros de papelão que a Europa adorava. Mas pouco importava! A França, pátria dos Direitos Humanos, merecia o sacrifício.

A *Révue nègre* representada no Teatro dos Champs-Élysées teve um começo difícil. Estrelado pela pálida cantora Maud de Forest, o espetáculo não parecia "negro" o suficiente. Na trupe havia também um jovem músico, o saxofonista Sidney Bechet. Um jovem diretor, Jacques Charles, decidiu então valorizar a linda figurante negra, Josephine Baker, e pediu-lhe que dançasse seminua. A *Revue* ganhou fama e a Paris intelectual – com Jean Cocteau à frente – celebrou a diva sensual. A dançarina, mestra dos tambores e dos ritmos selvagens, favoreceu o crescimento do jazz no centro do Velho Mundo.

Enquanto isso, a partida de Josephine deu ideias a Valaida. Ela valia tanto quanto a grande dançarina, mas se recusava a ser a bonitinha da vez e já tinha perdido muito tempo. Um ano mais tarde, em 1926, ela partiu para a China. Nunca tinha visto o oceano e ignorava tudo do mundo. Mas meditava nas melhores travessias com seu trompete. Ela levaria o jazz para todos os cantos do mundo. Três semanas de navegação a embalaram, e quando ela desembarcou na costa chinesa viveu uma experiência inesquecível: as pessoas se aproximavam dela, surpresas, assustadas, tocavam seus cabelos, sua pele. Eles nunca tinham visto uma mulher negra!

Moulin Rouge, 1933.

Jazz Ladies

Bessie Smith, a caminho da independência

Bessie Smith, c. 1925.

Bessie encarou de frente essa luta, talvez com mais força que as outras. A jovem negra mal-educada, desajeitada, foi enxotada do Black Swan. Muito crua e muito rude. Assim começou seu percurso aquela que seria a maior cantora de seu tempo, reprovada. Por causa dessa particularidade, ela não aproveitou a ocasião oferecida pelo sucesso de "Crazy Blues".

Até a morte ela lutou contra a tirania dos "peles claras" e suas boas maneiras. As gravadoras exigiam negras, mas hesitavam em promover peles muito escuras. Essa vulgaridade não! Os proprietários das boates, assustados pelo ébano da pele de Bessie, proibiram-lhe o acesso ao teatro. "Não, sinto muito! Vá embora!" Um certo Irwin Miller implorou a seu empresário para despedir essa cantora que não correspondia à beleza em voga. A "leprosa" partiu, desesperada, porque sua cor a impedia de ter uma vida afetiva.

As jovens "pálidas" lhe roubavam os elegantes pretendentes que encontrava pelo caminho. Ela se queixou na música "Young Woman's Blues" através da expressão "high yellow":

> I'm as good as any woman in your town
> I ain't no high yellow
> I'm a deep killer brown*

Da mesma forma que sua cor de pele muito africana, Bessie sempre cantou um blues sombrio, proletário, negro, esculpido na região de Chatanooga, onde nasceu em 1894, ou talvez antes, não se sabe ao certo, pois as contabilidades administrativas se perdiam nas comunidades negras. Ela foi criada pela irmã, Viola, após a morte dos pais. A pobreza acompanhou seus primeiros anos de vida. As jovens Smith passavam fome. Cada uma tinha que ganhar seu sustento a duras penas, mas Bessie se revoltou, não esperou a maioridade, e aos nove anos perambulava pelas ruas com seu irmão Andrew cantando músicas que escutava, mendigando ajuda e manifestando um dom inegável para a comédia. Ela gostava de vadiar e de brigar com as outras crianças do bairro. Sua força lhe permitia vencer os adversários e a ajudaria bastante ao longo da vida.

---

* Eu não sou pior que as outras da tua cidade/ eu não uma dessas mulheres de cor amarelada/ eu tenho a pele marrom escura de uma sedutora

Em pouco tempo ela acompanhou um circo e partiu para longe como tantas jovens na mesma época. Os teatros de Chicago e Atlanta acolheram a menina encontrada na calçada ensolarada do Sul. Bessie dançava, cantava e interpretava de acordo com sua fantasia, ignorando tudo do mundo do espetáculo. Ela não sabia como se vestir e usava as mesmas roupas que usava na rua. Algumas pessoas não esqueceram a primeira vez em que a viram nos teatros carcomidos e enferrujados, no meio de mulheres gigantes, enormes, que a transformavam – ela, a artista "transbordante" – num ser tão minúsculo. As moedas choviam à sua volta.

O circuito Toba deu-lhe trabalho e a fez conhecer o público popular negro. Ela mudou de gravadora, atravessando esplendidamente esses anos férteis, movimentados, nos quais os historiadores ainda não conseguiram penetrar os meandros. Eles escreveram bobagens sobre sua relação com Ma Rainey, fabricando uma lenda muito esquisita. Os críticos diziam que Ma Rainey tinha parado na cidade de Bessie e a tinha sequestrado, e como se não bastasse, inventaram também que as duas tinham um caso. Os jornalistas buscavam os amantes de Bessie e esmiuçavam seus blues:

> *No time to marry,*
> *no time to settle down*
> *I'm a young woman*
> *and ain't done runnin' 'round**

«*Young Woman's Blues*» (1926)

Janeiro, 1927.

* Não tenho tempo de me casar/ ou de me fixar/ Eu sou uma mulher jovem/ e não terminei de percorrer o mundo

Ma Rainey ensinou Bessie a cantar? A duas se divertiam com as fábulas que corriam sobre elas. Mesmo depois que a trupe de Ma se foi, Bessie teve que se defender dos rumores. As duas viviam uma comunhão criadora a ponto de se encontrarem mais tarde e escreverem vários blues juntas, como "Don't Fish In My Sea" (1926) ou "Morning Hours Blues" (1926), em que elas narram sua solidão.

Bessie cresceu depressa. Perto do topo, transformou-se numa mulher imponente, bebia muito e tinha uma grande resistência ao álcool. Essa atitude causava embaraços, incomodava. Dançarina e cantora, elas às vezes se vestia de homem, de smoking. No palco, vestia coisas esquisitas como um chapéu em forma de abajur que uma estilista desenhou.

Jazz Ladies

Bessie Smith, c. 1928.

* Sidney Bechet. *La musique c'est ma vie*, prefácio de Claude Luter. Ed. La Table ronde, 1977.

Os machos tentavam conquistá-la. Sidney Bechet em suas memórias *Treat It Gentle* (1960)* afirmava que foi ele quem lançou a carreira de Bessie Smith levando-a aos estúdios Okeh, aonde ela gravou sua primeira música em janeiro de 1923: "I Wish I Could Shimmy Like My Sister Kate". Mas o disco nunca foi distribuído. Os produtores preferiam cantoras mais maleáveis e mais bonitas no sentido clássico do termo a essa cabeça dura. Sidney se vangloriava de ter tido um caso com a futura rainha do blues, apesar de ninguém confirmar sua história. Ele falou das baixarias dessa amante exclusiva, descrita como uma Bessie ciumenta e quase sempre bêbada. A cantora teria chegado até a provocar verbalmente a esposa oficial de Bechet, uma jovem tímida, mas que lhe respondeu à altura e não hesitou em enfrentar a adversária de prestígio mesmo quando essa teria tentado bater nela. Bessie Smith não sossegava, era como se um vento ardente lhe queimasse por dentro mantendo-a sempre desperta. O resultado disso era um blues grande e majestoso, apesar do sofrimento que tal instabilidade causava à sua volta.

May Wright Johnson, mulher do pianista de boogie James P. Johnson, dizia a mesma coisa. Ela dividiu a cena com a rainha e "ousou" cantar um blues antes da apresentação de Bessie. "Ela vinha à minha casa algumas vezes, mas não éramos amigas", lembra-se ela. "Ela era muito bruta."

A rainha embebedava-se com tanta frequência que seus empresários tinham que carregá-la até o palco e sentá-la numa cadeira. Mas cantava sem que o público percebesse nada, maravilhosa entre um copo e outro, dois gritos de blues, soltando essa voz formidável sem a qual a música não seria a mesma, espalhando suas obras-primas do blues por todos os cantos da América diante de homens insuflados por sua força. Sidney confessa que a perdeu de vista por um tempo. Bessie cantava, tocava, trabalhava muito e acabou invadindo os estúdios saturados de cantoras jovens. Ela imortalizou seu nome como uma voz ilustre do blues político, denunciando o desencanto que envolvia a comunidade negra logo após a guerra. Durante toda a sua carreira, Bessie cantou a aventura, o vagar de um lado para o outro, tema que ainda é atual como esse blues inspirado pela gigantesca enchente do rio Mississipi e as inundações em 1927, o "Black Water Blues". A canção encontrou eco em setembro de 2005 nas devastações causadas pelo furacão na Louisiana:

*When it rains five days
and the skies turn dark as night
Then trouble's takin' place
in the lowlands at night.
Then they rowed a little boat
about five miles 'cross the pond
I packed all my clothes,
throwed them in
and they rowed me along.
There's thousands of people
ain't got no place to go**

«Black Water Blues» (1927)

* Quando chove cinco dias/ e o céu transforma o dia em noite negra/ então tudo vai mal/ à noite, no país da planície/ então, eles vieram do outro lado do pântano/ cinco mil em barcos/ eu peguei minhas coisas/ joguei a trouxa para eles/ e eles me puseram no barco/ Há milhares de pessoas/ que não têm mais casa aonde ir/

Ela projetou o social na canção americana através de canções como "Poor Man's Blues", escrita por ela em 1928, alguns meses antes da grande depressão:

*Poor working man's wife is starvin',
your wife is livin' like a queen
Now the war is over,
poor man must live the same as you
Mister rich-man, rich-man,
open up your heart and mind* **

«Poor Man's Blues» (1928)

Mesmo 70 anos depois essas poucas linhas continuam emocionantes.

Ainda em 1928, Bessie criticou a condição das mulheres negras em "Washwoman's Blues" ("O blues da lavadeira"). O fato de as palavras feministas serem imaginadas por um homem, Spencer Williams, era irrelevante.

A rainha pela primeira vez falava do cotidiano e dirigia-se a todas as mulheres do mundo, fustigando a sociedade patriarcal:

** A mulher do trabalhador pobre morre de fome/ a sua vive como uma rainha/ agora que a guerra acabou/ o pobre deve viver como você/ "Seu" moço rico, você que é rico/ Abra seu coração e sua mente

Jazz Ladies

* O dia inteiro eu trabalho duro/ o dia inteiro, eu estou coberta de água de sabão/ minhas mãos estão cansadas de lavar essas sujeiras inúteis

All day long, I'm slavin
All day long I'm bustin' suds,
Gee my hands are tired, washin' out these dirty duds*

Spencer usa a palavra "slaving" para dizer "trabalhar" numa clara referência à escravidão. As correntes continuavam a aprisionar as mulheres.

Dando continuidade à revolta de Ma Rainey, a música de Bessie, mais densa, marcou uma profunda ruptura com o blues feminino de seu tempo: ela criou uma obra social, política, histórica e feminista também. A crítica americana Michele Russel diria: "Com Bessie Smith, as mulheres negras na cultura americana deixarão de ser olhadas como objetos sexuais. Ela fez de nós os 'sujeitos' sexuais, a primeira etapa para assumirmos o controle." Já não se contam mais os blues maravilhosos que essa lenda gravou, como o "Empty Bed Blues" (J. Johnson, 1928) e seu lamento sofrido, de um romantismo extremo e sobretudo de uma modernidade ainda palpável, apesar da passagem do tempo:

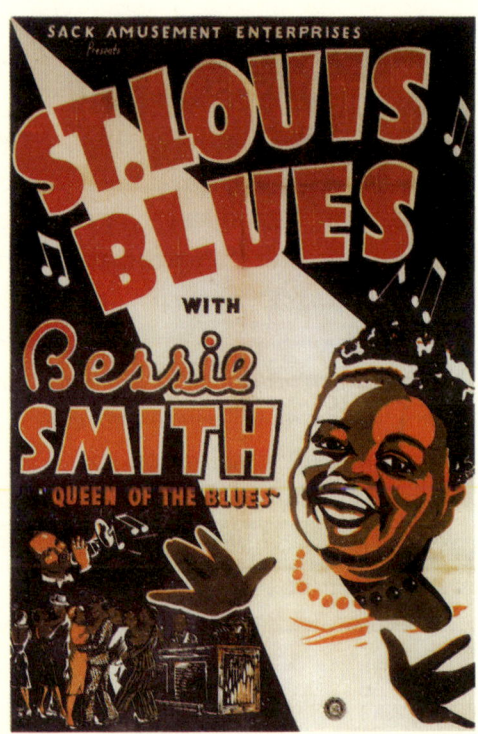

When my bed get empty
make me feel awful mean and blue
My springs are getting rusty, sleeping single like I do
Bought him a blanket, pillow for his head at night
Then I bought him a mattress so he could lay just right
He came home one evening with his spirit way up high
What he had to give me, make me wring my hands and cry
When he got to teachin' me, from my elbow down was sore
He boiled my first cabbage and he made it awful hot
When he put in the bacon, it overflowed the pot
When you git good lovin', never go and spread the news
*Yes, he'll double-cross you, and leave you with them empty bed blues**

*Quando minha cama está vazia/ eu fico muito infeliz e saudosa/ minhas fontes enferrujam se durmo só como agora/ Eu comprei para ele um cobertor e um travesseiro para repousar a cabeça à noite/ Depois comprei-lhe um colchão/ para deitar e descansar/ Certa noite ele voltou para casa embriagado/ E o que me deu fez eu me contorcer/ e me encheu de lágrimas/ Quando ele queria me dar uma lição, eu ficava "moída"/ Foi ele o primeiro a me encher de tapas/ e isso me deixou excitada/ Quando ele pôs a linguiça, a panela transbordou/ Quando você é feliz no amor,/ não saia dizendo por aí/ Senão, ele vai te trair e te deixar com o blues da cama vazia

Milton "Mezz" Mezzrow, c. 1951.

Essa canção nos mostra seu erotismo liberal com suas metáforas de cozinha (linguiça, panela) que se referem naturalmente ao sexo. "Empty Bed Blues" fala da relação de uma mulher com seu homem, nova escrava de seu prazer. No início do poema, ela elogia o "moedor de café" novinho de seu amante, outra figura de linguagem sensual.

Bessie apagou as outras mulheres selvagens de sua época, hoje totalmente esquecidas. Poucos de nós eram nascidos quando Bessie cantava e resta apenas um pedaço de filme em que ela aparece, enorme, debruçada no zinco prateado de um bar, cantando "St. Louis Blues". Mas ela se mostra como uma vítima, arrasada, caída, humilhada, sem dúvida filmada por algum cineasta branco pródigo em clichês. Ela aceitou esse papel sem perceber que dava as costas à sua personalidade, legando à posteridade a imagem de uma derrotada. É tudo e muito pouco para julgar realmente uma personalidade tão forte.

Felizmente, o músico de jazz Milton "Mezz" Mezzrow estava nas imediações, em Chicago, durante os anos 1923-1928, e o que ele escreveu em seu livro de lembranças, *Really the Blues* (1946), nos faz sonhar: "Bessie tinha na voz uma vibração tal, uma sonoridade tão explosiva, uma ressonância tão clara e tão rica, que escutávamos do outro lado da rua. Os engarrafamentos eram constantes na frente do cabaré; a multidão de admiradores com suas magrelas bloqueava a calçada, hipnotizados por seus queixumes sofridos que cresciam como um grande clamor na voz de Bessie". Mezz e seu amigo entram na sala maravilhados com o espetáculo: "Dave e eu derretíamos sob a chama da voz de Bessie; não era uma voz, era um lança-chamas que lambia a sala inteira." O que observam então as testemunham é a graça da artista que carrega em si "toda a feminilidade do mundo reunida", "bem curvilínea", "moldada como uma ampulheta", com um "porte de rainha e um gerador de alta tensão como personalidade". Folheando as mais belas páginas do famoso livro de Mezz, descobrimos a quintessência do jazz feminino no que ele tem de mais puro, voluptuoso e independente. "Ela vivia o que ela cantava", tudo isso enquadrado pelo suprassumo dos jazzmen da época, entre eles Kid Ory no trombone. Ela foi chamada de "a gritalhona" por causa do volume e do fascínio de sua voz.

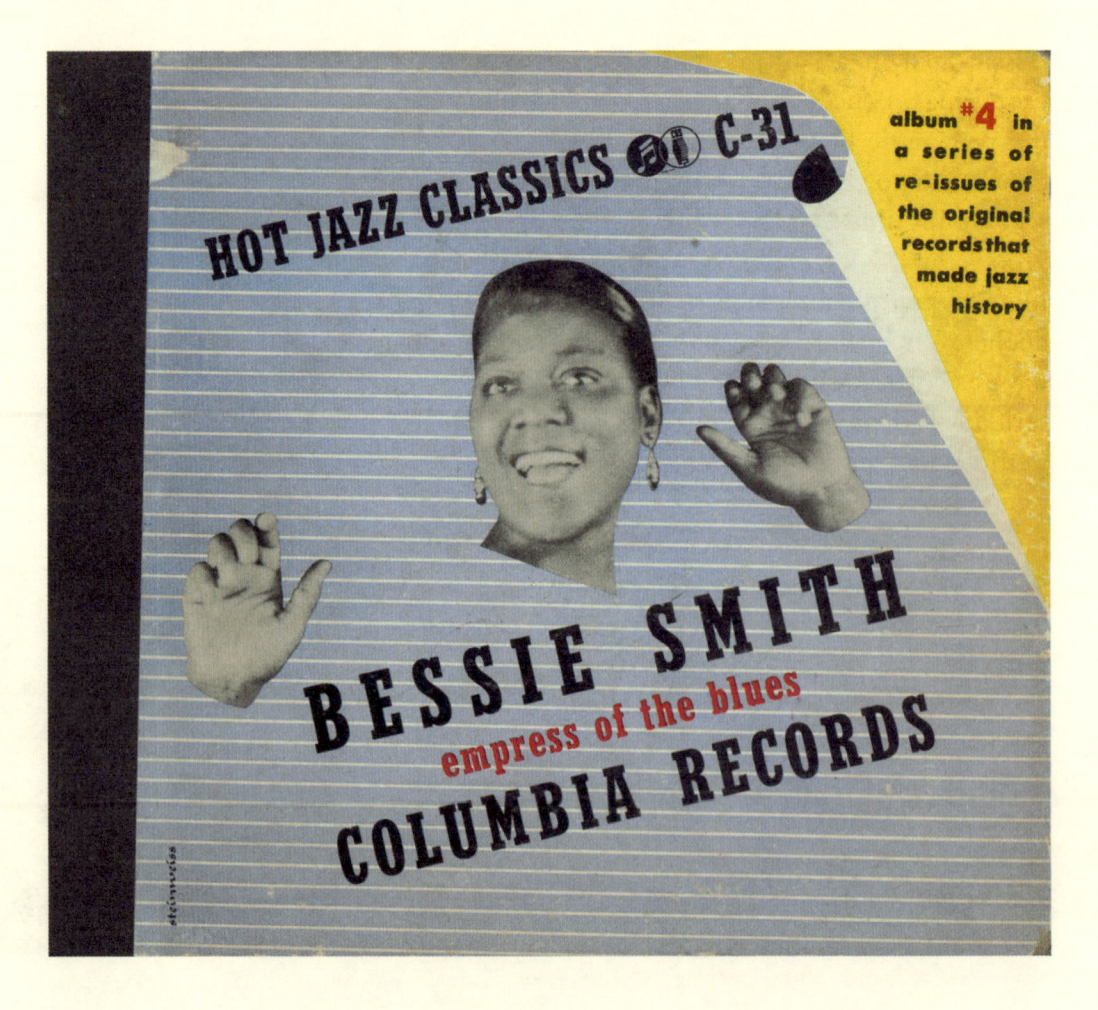

Naquela época, os donos dos teatros pagavam a falsos espectadores nas primeiras filas para jogar moedas de ouro em Bessie, como fariam com uma cantora lírica. A estratégia era incitar o resto do público emocionado a fazer o mesmo. Bessie erguia alto sua coroa e impunha suas condições, contratava músicos de sua escolha e se protegia por meio de contratos impiedosos: nenhuma garota das proximidades estava autorizada a cantar blues. As boas artistas limitavam-se então às baladas desinteressantes, deixando a música principal para a rainha. Bessie se apresentou em todas as grandes salas, até no Madison Square Garden. A sociedade também a convidava para festas esnobes nas quais essa "mississipiana" rústica não encontrava seu lugar. Mas ela não se importava. Bebia de um só gole uma garrafa de gim puro e começava a cantar os lamentos que saíam do fundo de sua garganta.

Ela rodou assim durante todo o período da proibição e do reinado de Al Capone. A década de 1920 construiu seu panteão como o de tantos outros artistas. Mas um dia a prosperidade acabaria.

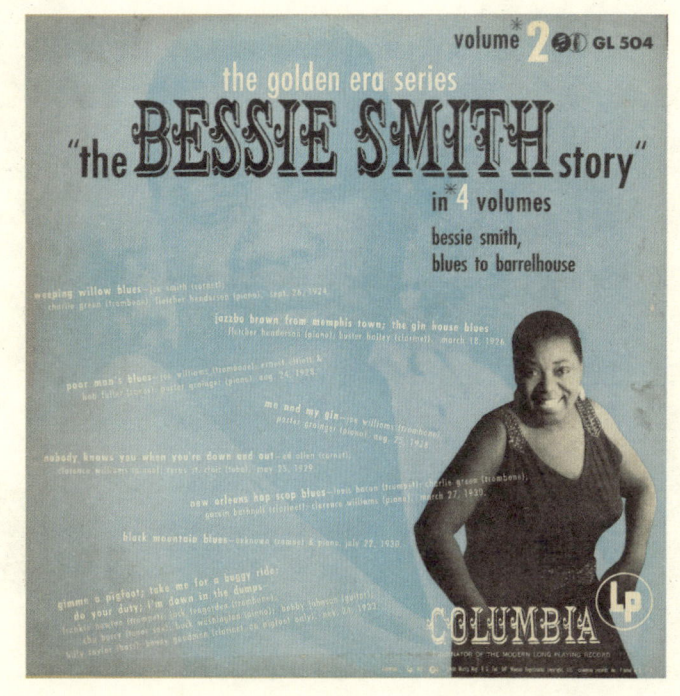

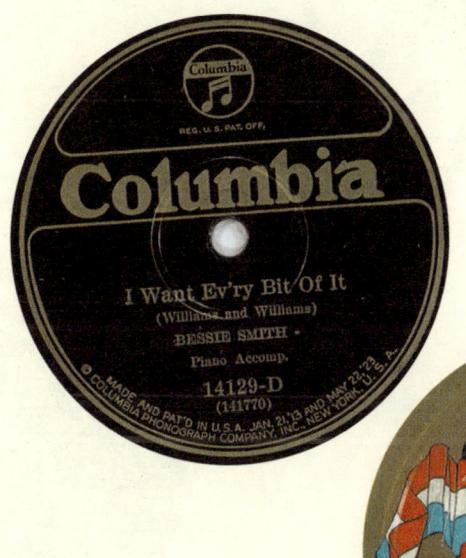

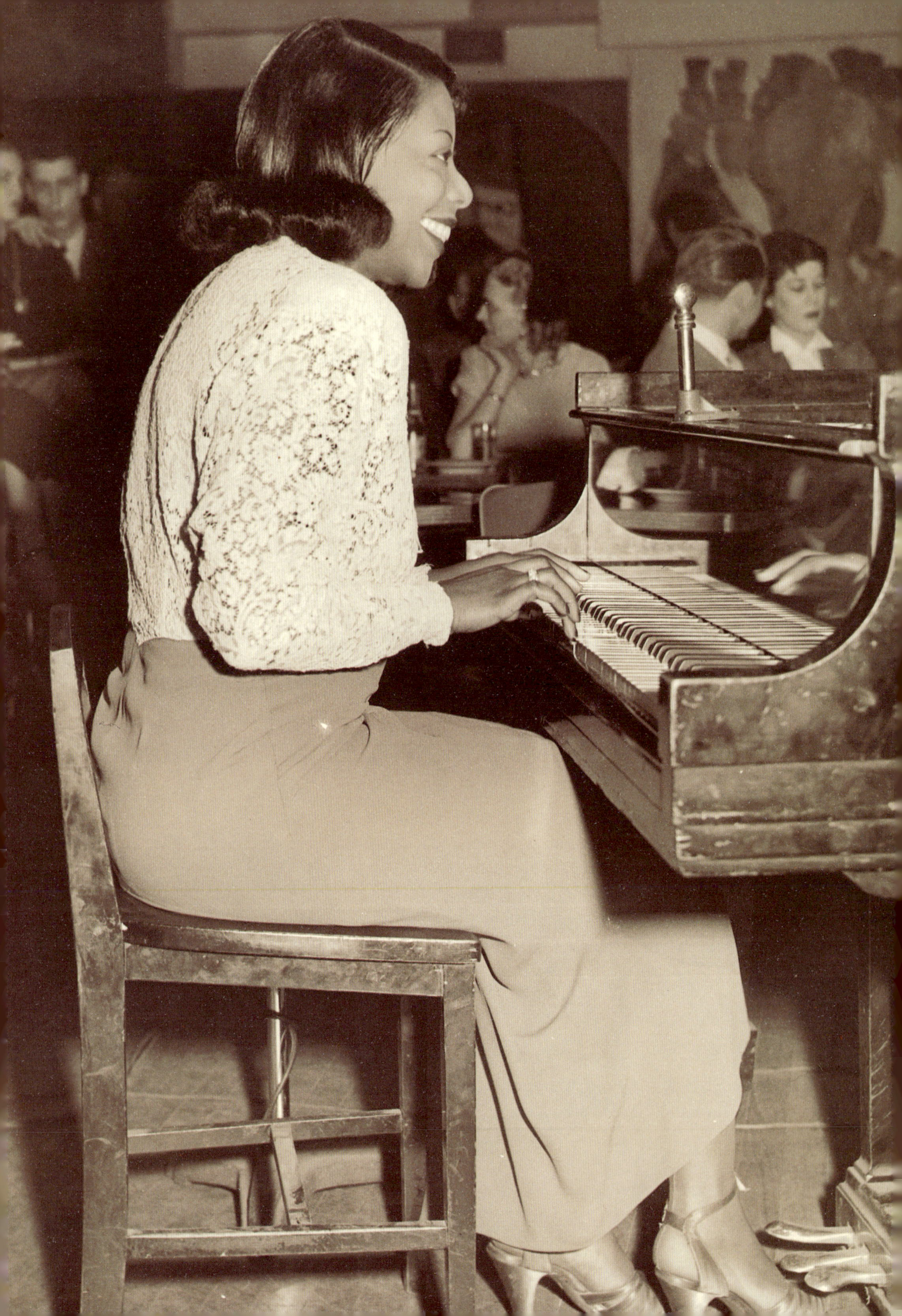

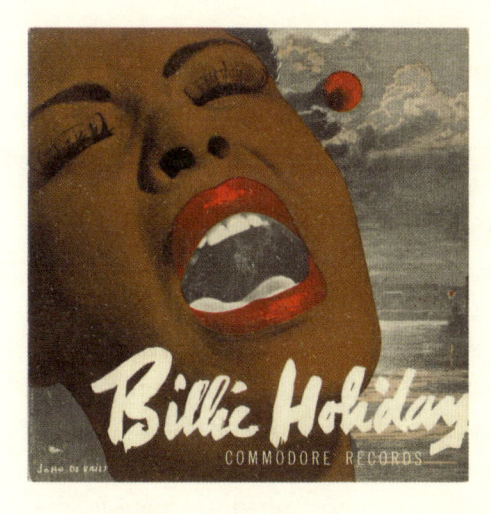

A grande depressão: as mulheres na luta

"Eu temia que ele me pusesse porta afora" Bessie chegou a Nova York no auge de sua glória, entre 1927 e 1928. A estrela do Blues não poderia perder as belas noitadas dessa imensa cidade que queimava as últimas notas de prosperidade.

O Harlem nunca esteve tão bem, com suas noites banhadas à luz de velas e suas auroras com sabor de champanhe. Os músicos se deleitavam com o álcool proibido e saíam de manhãzinha, exauridos pelos instrumentos da orquestra de Louis Armstrong. Era a vida boa. Carros esplêndidos desfilavam ao longo da 5ª Avenida e a população levava a vida despreocupada e indiferente em relação ao amanhã. Os boêmios embriagavam-se clandestinamente nas adegas, ao som do jazz, abrigados pelos dourados do Savoy, a nobreza do Cotton Club ou a beleza do Connie's Inn. Quantos clientes eram atraídos por esses clubes nas noites de festa? Ali, era possível encontrar poetas, escritores e gangsteres. Os músicos observavam as mulheres cheios de cobiça. Bessie divulgava sua obra grandiosa e lotava as salas no coração do bairro negro. No público, as jovens a ouviam, fascinadas. Entre elas destacava-se uma mulher de pele negra, Mary Elfrieda Scruggs. Natural da Geórgia, ela logo ficaria conhecida como Mary Lou Williams. Caiu na estrada após ter ouvido Bessie e Ma Rainey. Contaria sempre sua primeira visão: "Ma estava coberta de diamantes. Eles estavam em toda parte, nas orelhas, no pescoço, no diadema da cabeça. Suas mãos também estavam cheias de pedras preciosas. Seus cabelos estavam despenteados e até os dentes eram de ouro. Um espetáculo e tanto! Para mim, que não passava de uma menina, tudo parecia fantástico. Dizem que quando Ma saiu do teatro, foi obrigada a devolver todas as joias, que eram roubadas." A carruagem voltou a ser abóbora, mas o desejo de ser Cinderela ultrapassava todos os medos.

Elfrieda já tinha visitado Pittsburg, Chicago e agora Nova York na companhia de duas irmãs, Lucille e Louise. Ela mostrava uma determinação inabalável desde a infância. Sua mãe, Virginia, que era doméstica, enfrentou as perseguições sexuais e raciais de seus patrões demonstrando uma força sobre-humana.

◁ Mary Lou Williams, c. 1950.

Mary Lou Williams, c. 1938.

Fats Waller, c. 1936.

Quando Mary Elfrieda nasceu em Atlanta (Geórgia), em 8 de maio de 1910, seu pai, Joseph Scruggs, como tantos outros, já tinha saído de casa havia muito tempo. Virginia e as filhas passaram por maus bocados. As tensões raciais afligiam as três mulheres negras que eram perseguidas pelos moradores do bairro. A mais velha das Scruggs, Mamie, cuidava de Elfrieda e tentava protegê-la, mas somente a música proporcionava a integração da jovem com aquela sociedade hostil. A menina se divertia, sem que sua mãe soubesse, tocando piano na casa dos vizinhos, e com isso acabava por conquistá-los. Elfrieda contava que um dia ela quebrou o braço e pararam as visitas. Os vizinhos, que já estavam acostumados a ouvi-la, vieram bater à porta de Virginia. "Onde está a garota que vinha tocar piano em nossa casa?" perguntaram. A mãe descobriu o segredo, mas não se zangou, pois encorajava os dons musicais das filhas, único meio de escapar do trabalho doméstico, da escravidão e da miséria. A família emigrou para Pittsburgh convencida de que encontraria um local mais acolhedor. Mas a pobreza também afligia os negros de lá. Mary Lou começou ganhando alguns dólares nas ruas. Ela tocava durante as *rent parties* que os vizinhos organizavam para pagar o aluguel.

Mais tarde, já no turbilhão do Connie's Inn, Elfrieda lembrava da juventude. Ela teve que trabalhar muito e passar horas e horas ao piano, um treinamento suficiente apenas para penetrar o mundo musical masculino. Lá, envolta na fumaça do Connie's, ela olhava fixamente para o mágico Fats Waller. O mestre tocava sem olhar o teclado. Como gostaria de conhecê-lo. Alguns amigos músicos prometeram apresentá-la a Fats e ela seguiu-os esperançosa até esse clube, apesar da expectativa deixá-la doente. Será que ele respeitava o sexo oposto?

Algumas mulheres já tinham impressionado o pianista, como, por exemplo, uma organista do Lincoln Theater chamada Mazie Mullins. Fats, na época muito jovem, não a esqueceria jamais. Toda memória masculina esconde em seus recantos a lembrança de uma rainha, mesmo que efêmera. Elfrieda sabia disso e não tirava os olhos dele. Que classe! E a garrafa de whisky sobre o piano! Ela observava as garotas atrás, dançarinas que exibiam nos tornozelos bijuterias baratas. Quanto a Fats, ele contava histórias engraçadas, escrevia as canções no momento em que as tocava. No final, o gordo pediu a Elfrieda para subir ao palco. "Parece que você consegue tocar todas as canções que eu acabei de compor?" Ele se levantou e lhe deu o lugar. Mary Lou teria estrangulado esse amigo que apostou nela. Ela se instalou morta de medo. Que loucura a fez tocar para Fats, o grande? Ela atacou o teclado muito rápido e tocou tudo que havia escutado durante a noite, inclusive os improvisos do maravilhoso pianista, nota por nota. Surpreso e maravilhado, Fats sentou-se. Depois, levantou-se e pegou a jovem nos braços e jogou-a para cima. Elfrieda acabava de desaparecer atrás de Mary Lou. Ela passou no teste de entrada no privilegiado espaço dos homens. Mas nem sempre teria essa sorte.

Em outra ocasião, um amigo – este também bem intencionado – levou-a ao escritório de Jelly Roll Morton. "Ouça essa moça! Seu nome é Mary Lou Williams, ela toca muito bem e gostaria de tocar algumas canções..." Jelly Roll se virou, lançou sobre ela seu olhar de brasa, sua expressão de homem negro que escapou de um incêndio na floresta. Mary decidiu tocar "The Pearls", uma composição de Jelly da qual gostava muito. A jovem nem teve tempo de terminar: o velho príncipe de Nova Orleans a interrompeu. "Não... não é para tocar assim..." Mary Lou então atacou outra canção dele, que a interrompeu mais uma vez: "Não, toque-a assim..." A jovem sentia-se mal, tremia... Ela diria mais tarde: "Eu pensei que ele fosse me colocar porta afora... Um verdadeiro tirano!"

Enfim... Nova York! Todos tentavam fazer sucesso. Aos 16 anos, Mary Lou casou-se com um saxofonista de Memphis, John Williams, mais velho e muito apaixonado por essa jovem magra de pele escura que tocava piano energicamente. Ela desafiava os homens, rivalizava com eles pela força, habilidade, mergulhava nas inúmeras cidades, no negrume dos clubes, nos quais no meio da orquestra ela

Andy Kirk Orchestra, Kansas City, 1934. Da esq. para a dir.: Mary Lou Williams, John Williams, Ben Webster, Pha Terrell, John Harrington, Ben Thigpen, Harry Lawson, Ted Brimson, Irving Randolph, Andy Kirk, Ted Donnelly e Earl Thomson.

Andy Kirk, c. 1940.

incendiava até o amanhecer. Seu marido dizia que ela tinha pouco apetite sexual, que era maníaca por arrumação, que cozinhava corretamente, mas que todo o seu ser era devorado por uma paixão musical indestrutível. Ele não se casou com a clássica mulher sonhada. E daí? Eles formavam uma boa equipe juntos, a prodígio e o habilidoso viajavam, passavam ótimas noites no Norte, aproveitando a liberdade e o casamento. Assim que voltava para o Sul, ela se surpreendia com o ambiente opressivo que reinava nas cidades e não se conformava com as regras da segregação. Uma noite, chegou até a adormecer na parte do ônibus reservada aos brancos. Ela esqueceu-se de mudar de lugar, sofreu todo tipo de ameaças da parte do motorista e protestou, incapaz de entender o que tinha feito de errado.

Mary Lou deixou Memphis para ir ao encontro do marido em um grupo dirigido por Andy Kirk, o Clouds Of Joy. John apresentou a mulher aos colegas, atento à opinião dos outros músicos. Ele tinha por ela uma admiração imensa e queria dividir isso com os outros. A jovem impressionante preparava-se para vencer todos os obstáculos da América segregacionista e misógina e penetrar no mais alto nível. John a protegia. Contudo, outras nuvens menos alegres e seguras que o Clouds Of Joy começavam a escurecer o país...

Em plena crise, uma ode à vida noturna

Parecia que a inocência e a delicadeza acabariam no meio dos excessos da especulação e do dinheiro fácil, a multiplicação dos créditos. O dia 24 de outubro de 1929, "a quinta-feira maldita", queimou os valores, esgotou o dinheiro, jogou na sarjeta centenas de investidores maltrapilhos. A bolsa afundou, levando o país a um longo período de recessão.

A depressão pôs fim à era de ouro das grandes cantoras de blues clássico, encerrando abruptamente uma década de frivolidades, de música, de alegria, de construção, de liberação. Uma nova imagem – das sopas populares, dos vagabundos no meio das estradas – sobrepôs-se às plumas de avestruz e aos espelhos dourados dos teatros fabulosos. Os menestréis e as caravanas itinerantes em que os artistas brilharam desde o século XIX desapareceram na poeira feito uma ilusão. Arruinadas e falidas, Ma Rainey e Bessie Smith apagaram-se da ribalta, enquanto bandos de larápios famintos atacavam os grupos mambembes.

Os que escaparam procuravam outros meios de subsistência. Foram para a cidade certos de conseguir algum contrato. Depois de quase 30 anos, as indústrias Ford ofereciam empregos bem remunerados. Os bluesmen e jazzmen do sul, agricultores nas horas vagas, subiram então em direção ao norte – Detroit, Chicago – abandonando um Mississipi destruído e violento em que a população branca em delírio linchava cada vez mais negros. Ninguém protestava. A comunidade tinha a impressão de estar entregue ao demônio sem poder reagir. Os enforcados balançavam nas árvores das florestas da Geórgia ou da Carolina. O Ku Klux Klan se alimentava da pobreza, da exclusão e prosseguia com sua obra trágica.

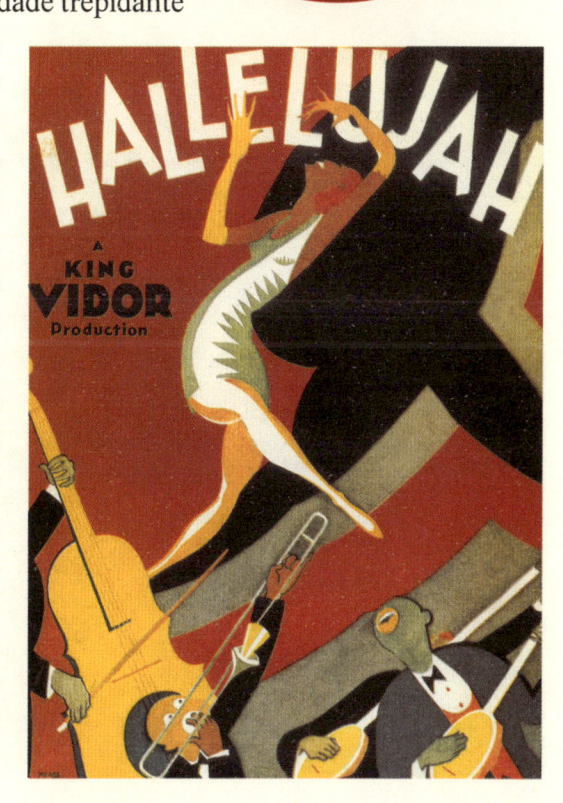

Algumas cantoras tinham conseguido se destacar durante a década de 1920, anos duros, inflamados, mas sofreram bastante em sua luta. Elas convenceram tantos músicos a se lançarem, a seguir o exemplo de Mamie Smith... Então a crise quebrou o impulso. Victoria Spivey conseguiu sobreviver. Conseguiu em 1929 um pequeno papel no primeiro filme interpretado por negros, *Hallelujah*, de King Vidor. Ela se deu por satisfeita, apesar de sua personagem de jovem inocente não lhe agradar. A obra mostrava as imagens clássicas: campos de algodão, céu rosado, religiosidade negra... Mas o público reparou nela. Durante a filmagem, ela se casou com um trompetista, Reuben Floyd, de quem se divorciou em seguida. Mais um casamento fracassado! A atividade trepidante de Victoria a impedia de entrar em depressão e desaparecer. Diante da crise, a heroína de *Hallelujah*, como a maioria dos bluesmen, subiu para Chicago e lá seguiu carreira aproveitando-se da nova vitalidade do blues. Ela integrava um meio masculino e tocava com artistas renomados como Tampa Red ou Tom Dorsey, cruzando também com outra mulher de fibra, Minnie Memphis, também determinada e que não temia esse ambiente masculino. As raras mulheres da região estavam ativas. Minnie estava indo em uma boa direção e uma canção gravada em julho de 1930, "New Bumble Bee", vibrava no ar. Ela a compôs com o nome do marido, McCoy, músico encontrado nas ruas de Memphis. Os dois gostaram de tocar juntos, dividir alguns momentos musicais, e não se largaram mais até chegarem ao altar. Depois, um funcionário de uma gravadora encontrou os dois. A letra de "New Bumble Bee" tocava o coração das mulheres isoladas, em meio à tristeza e frustração, que a crise destruiu. Na música, Minnie apresentava seu amante como uma abelha que vinha voando e a picava ao acordar, e depois abandonava a casa deixando-a só e angustiada. Apesar da depressão, o casal McCoy conheceu o sucesso.

Victoria Spivey também esperava vencer a miséria. Ela não compôs nenhuma "Bumble Bee", mas fundou o próprio grupo que organizava e dirigia, às vezes pedindo socorro ao marido, Reuben Floyd. Sem dúvida inspirada por Mamie Smith, sem homem para apoiá-la, ela se lançou aos negócios, criou empresas, multiplicou seu dinheiro e estava sempre se mexendo. Imobilidade representava a morte para ela. Victoria exerceu todas as profissões do show business, até o de empresária de um dançarino, Billy Adams, que amou demais.

As mulheres selvagens faziam negócios, denunciavam a miséria ou superavam os momentos de crise se entregando ao hedonismo. Mary, o prodígio, contrapôs uma resposta fabulosa ao "New Bumble Bee" de Minnie, ao gravar uma canção que tocaria nas ondas no ano de 1930: "Night Life". Só ao piano, ela celebrava a vida noturna com uma energia e alegria formidáveis. Esse título destilaria um pouco de prazer ao coração sangrento da América. A maneira viva e saltitante da musicista tocar revelava uma artista cheia de vida cuja linguagem transbordando de frescor alegrava esses tempos nebulosos. Ela gravou em Chicago, mas "Night Life" lembrava acima de tudo suas noites em Kansas City. Desde o final da década de 1920, a cidade brilhava indiferente às nuvens e à crise. As grandes orquestras investiram em luxuosos palácios musicais. Mary Lou se lembrava do Cherry Blossom e suas decorações japonesas, quando ela convidava mestres como Coleman Hawkins, Lester Young, Ben Webster... Ela descobriu o fantástico Art Tatum e seu virtuosismo a inspirou.

Art Tatum, c. 1936.

Kansas City respirava música, em todos os lugares, a cada esquina. Os clubes não fechavam nunca e as big bands chegavam a qualquer hora da noite com seus metais dourados até o amanhecer. A jovem Williams passava seus dias lá, ia deitar-se ao meio-dia, dormia algumas horas e retornava à cidade dos prazeres, invadia os bares clandestinos nos quais os contrabandistas vendiam álcool. Esses espaços subterrâneos com paredes grossas pareciam uma prisão. A pianista sempre se preocupou em não aborrecer as personalidades suspeitas que gerenciavam esse tipo de estabelecimento no subsolo e as boates de jazz na superfície. Os músicos sobreviviam graças às destilarias e Mary Lou preferia pensar somente em seus teclados pretos e brancos e em sua sedução. Ela era capaz de interpretar boogies, ragtimes, jazz... Count Basie (1904-1984), que chegou à cidade mais ou menos na mesma época, escreveu em suas memórias *Good Morning Blues* (1985): "Eu não ia muito ao Subway Club porque ele era frequentado por Mary Lou Williams e eu me virava para nunca atravessar seu caminho. Cada vez que ela estava no bairro, eu procurava outro território para mim, pois Mary punha qualquer um no bolso." Uma anedota que Mary Lou contava demonstrava bem seu dom extraordinário. Na edição da *Melody Maker* de 13 de março de 1954, ela se lembrava de ter frequentado a mesma escola que o famoso Erroll Garner. "Certo dia", disse ela, "eu dava um 'Lá' para substituir um diapasão que o mestre tinha perdido e então descobrimos que eu tinha ouvido absoluto. A história se espalhou pela escola e os alunos jogavam panelas, potes e outros objetos barulhentos no chão dizendo: 'Que nota é essa, Mary?'"

Count Basie, c. 1938.

Ela ajudou o grupo de Andy Kirk e John Williams a ser reconhecido, e desde 1929 levava ela mesma o Clouds Of Joy às portas dos estúdios. O estilo de Mary agradava: a mão esquerda vibrante e a direita mais melodiosa. Ela incorporou o estilo de Kansas City com frases curtas, potentes, uma tonalidade com atmosfera swing, estilo stride. Seu brilho irritava Andy Kirk e John Williams. Se porventura Mary Lou não os acompanhava, os donos dos estúdios reclamavam porque eles apreciavam sua técnica e faziam questão de gravar as boas composições da jovem. Ela não deveria tocar em estúdio, já que esse era o lugar de Marion Jackson, mas a mesma feriu-se gravemente num acidente de carro. Mary a substituiu e não hesitou em defender seus próprios arranjos. Ninguém jamais tinha visto mulher tão ambiciosa. Tamanha arte em comandar assustava Andy Kirk, consciente de que foi ele quem despertou em Mary Lou esse senso do decoro musical. Mary ia muitas vezes à sua casa enquanto ele fazia os arranjos das canções. É lógico que ela o observava e dava algumas dicas para revigorar um clássico antigo ou um refrão lento. Sempre mostrou o desejo de colocar seu "tempero" em canções conhecidas ou nos seus próprios números. No começo, Kirk se mostrava desconcertado, chocado mesmo. As ideias de Mary ofendiam as sacrossantas harmonias e eram motivo de brigas feias. "Não, você não pode colocar trompete aqui. E as regras?", protestava ele. Depois acabava concordando com a opinião da herege.

Kirk não era bobo e sabia que os caprichos da pianista o ajudavam. E que talento! Que mão direita, cheia de swing! Essa habilidade confirmava cada vez mais o lugar da jovem na orquestra. Muito em breve os "senhores" a elevariam ao posto de *prima donna*, posição que apenas Lil Hardin havia ocupado até então. Contudo, Kirk continuou a pagar o mesmo salário a Mary, sem se preocupar com os prodígios de sua musicista, a ponto de lhe causar ressentimento.

Sua condição de instrumentista era apenas uma mutilação. Ela queria tanto estar sob os holofotes, como a maravilhosa cantora que ela descobriu um dia no Harlem: "Uma noite", disse ela ao jornalista Nat Hentoff, "eu fui ao Savoy. Depois de dançar um pouco, ouvi uma voz que me arrepiou toda e nunca pensei que isso pudesse acontecer. Eu quase corri para o palco para ver de quem era, então vi uma moça simpática com a pele morena em pé lá, modestamente, e que cantava maravilhosamente bem. Disseram-me que o nome dela era Ella Fitzgerald e que Chick Webb a tinha encontrado num concurso de calouros no Apollo."

Uma mulher não pode dirigir uma orquestra

Nascida em 1918 em Newport News (Virginia), órfã de pai, Ella Fitzgerald moldou sua educação musical quase que inconscientemente. Suas primeiras lembranças iam até as harmonias vocais das Boswell Sisters, grupo feminino tantas vezes encarado com desprezo, mas condutor/trampolim eficaz para o jazz. Fitzgerald cresceu escutando Mamie Smith sem imaginar que quando começasse no mundo do espetáculo seu ídolo já estaria perdendo a glória. Ella era anunciada como uma nova estrela, enquanto Mamie Smith via seus sonhos desaparecerem. A intérprete de "Crazy Blues" não sabia recomeçar como Victoria Spivey, incapaz de rivalizar com as novas estrelas, Mary Lou, Minnie e em breve Ella. A depressão a expulsou do jogo no final de 1931, época de suas últimas gravações, ou seja, 11 anos após a primeira e mais famosa.

Mamie continuava a brigar, mas a crise a demolia pouco a pouco. Ela se separou do grupo após críticas violentas dos músicos sobre seu temperamento. O mundo musical não suportava ver uma mulher, sobretudo negra, dirigir uma orquestra, contratar e despedir conforme sua vontade e seus caprichos. Como um país empobrecido, carregando seu

Ella Fitzgerald, c. 1935.

cortejo de desgraças, podia ainda tolerar as divas e suas ostentações arrogantes? Mamie sentia que a sociedade desencantada não acreditava mais nos grandes espetáculos e nas estrelas. Decidiu seguir seu caminho só, na indiferença. Ninguém se lembrava mais de sua história e, no entanto, ela representou durante uma década a maior vendagem da gravadora Okeh. Soube conciliar o mercado branco e negro. Mas o passado estava morto e Mamie Smith se dirigia lentamente para seu próprio fim.

Bessie Smith conseguia prolongar o prazo, a miséria, como lembrou Victoria Spivey: "Eu estava numa festa dada por Bessie logo após o lançamento de seu filme, *St. Louis Blues*... e eu a vi gastar 700 dólares em uma noite. Bessie sustentava duas casas naquela época. No final de 1930, Bessie fazia tanto sucesso que era acompanhada em turnês por uma trupe de 25 pessoas em teatros como o Lincoln." Mas ela tinha lançado seu último esplendor. A depressão avançava, o Toba vacilava e os teatros fechavam. Bessie acabou sentindo a crise e teve que se livrar do cortejo e aceitar uma redução brutal em seu salário. Mas ela continuou a sustentar uma parte da família – suas irmãs na costa leste.

Ma Rainey sofreu um declínio parecido. Ela também teve os espetáculos cancelados e decidiu retirar-se. Bessie foi obstinada, apesar do desinteresse do público, e depois desapareceu.

Mas ela foi encontrada lá onde ninguém imaginava. John Hammond, o famoso produtor, redescobriu Bessie Smith dois anos depois de sua última gravação (diga-se de passagem, tempo mais que suficiente para ser esquecida). Ela cantava num speakeasy* medíocre, acompanhada de um péssimo pianista.

"Você quer gravar para a Okeh?", perguntou ele. Ela sorriu. "Você acha que é possível? O período do blues passou... As pessoas não querem mais ouvir. São tempos difíceis." Ela não acreditava mais, porém aceitou, ainda por cima depois que John Hammond reuniu para ela uma orquestra maravilhosa, integrada pelo famoso trombonista Jack Teagarden e pelo saxofonista Chu Berry. John contratou um baterista. Como Bessie não sabia tocar com um baterista, recusou sua presença e insistiu em não tocar blues para não reviver um tempo distante. Os músicos – Jack Teagarden à frente – falaram de sua alegria só de pensar em acompanhar a grande cantora.

* N. da T.: Bar que vende bebidas clandestinamente. Esse tipo de estabelecimento tornou-se popular no período da história americana da Lei Seca, durante o qual a venda, a manufatura e o transporte de bebidas alcoólicas foi proibido.

Jazz Ladies

Jack Teagarden, c. 1930.
Chu Berry, c. 1937.

Benny Goodman, c. 1936.

"Nem em sonho eu acreditava que seria possível", disse Jack Teagarden. Hammond completou o grupo com um clarinetista ainda não muito conhecido, Benny Goodman. E ele presidiu esse retorno inesperado. Bessie não sabia, mas o disco gravado em setembro de 1933 brilharia como a última chama de sua rica existência.

Se Bessie resistia, várias mulheres abandonaram a música, preferindo casar e ter filhos. Outras não renunciaram à carreira, mas a exerciam junto às comunidades familiares, urbanas ou femininas, como Lil Hardin, que voltou a Chicago em 1932 e teve a ideia de cercar-se de mulheres: Leora Mieux (mulher de Fletcher Henderson) no trombone, Dolly Jones Hutchinson no trompete, Alma Scott (mãe de Hazel Scott) no clarinete e saxofone. O grupo se chamava as Harlems Harlicans, pioneiro do gênero, antes que florescessem todo o tipo de formações femininas. Os homens eram obrigados a abandonar um pouco a música e trabalhar por causa da crise, mas as mulheres conseguiam sobreviver.

Lil Hardin preparava o divórcio. Ela não se entendia mais com o marido Louis Armstrong, cujas más companhias o afastavam dela. A jovem música julgava errada a forma pela qual o trompetista, cercado de gente desonesta, geria seus negócios. A Lei Seca trouxe uma onda de gângsteres prontos para devorar os músicos. Além disso, Louis a traía. Ela decidiu deixá-lo e o divórcio foi anunciado. Testemunhas juraram que Lil ameaçou o marido com um revólver. Ela se defendeu jurando que nunca possuiu uma arma.

O que se sabe é que Lil nunca mais se casou e que viveu da lembrança do grande homem de sua vida, usando o anel que ele lhe dera, guardando as antigas cartas apaixonadas e a corneta da sua juventude. Ela viveu na casa que era do casal até sua morte e manteve o nome de casada. O Harlem Harlicans não durou e nesses tempos caóticos Lil se juntou a um grupo masculino para substituir um músico doente. Ela tinha tudo para ser a líder, mas os músicos não a conheciam e votaram em outro. Quando eles descobriram quem ela era, lhe pediram perdão. Vieram, então, os tempos difíceis para ela, vedete de um grupo anônimo que não conseguia fechar contratos. Os teatros estavam fechando, os clubes só contratavam artistas conhecidos e os privilegiados não recebiam mais do que cinco dólares por noite. Mal dava para sobreviver. Apenas as grandes orquestras do circuito, as de Duke Ellington e Cab Calloway, navegavam nas ondas. Lil navegava bem longe, na tormenta. O gerente decidiu colocá-la em destaque no cartaz como a "mulher de Louis Armstrong" certo de atrair a clientela. Ela usava um chapéu alto e regia a orquestra às vezes com a batuta, imagem chamativa e forte de uma mulher da qual o público gostava. Mas Lil queria estabilizar seus intrépidos rapazes. Por que não conseguir um contrato em um hotel, garantir uma renda tranquila antes de voltar para a estrada? Os esforços da pianista foram freados com a misoginia dos gerentes dos hotéis. O público nunca viria a prestigiar uma orquestra masculina dirigida por uma mulher! A recusa levou à separação do grupo em 1935. Lil retornou à sua solidão e aos seus soníferos em Chicago. Mas ela não renunciava tão fácil e montou outro grupo, Lil Armstrong And Her Swing Orchestra.

Será que ela chegou cedo demais? Maestrina? Não, essa ideia realmente chocava as boas almas.

Lil Hardin, c. 1937.

Cab Calloway, c. 1942.

Jazz Ladies

A era dos "canarinhos" Uma mulher que dirige uma orquestra? Ninguém queria acreditar? Os músicos de jazz amavam as cantoras discretas. E olhe lá! "Pegue 10 maestros", dizia a revista *Swing*, "e pergunte a eles quem no grupo lhes causa mais problemas... Nove dirão: as cantoras. As cantoras são fontes de problemas." Se um compositor decidia contratar uma mulher, ele tinha que lhe conseguir um camarim separado, cuidar para que os músicos não brigassem por causa dela. A cantora de jazz continuava sendo motivo de piada, superficial, incrivelmente leviana. Tinha charme, mas lhe faltava credibilidade. Contudo, o público gostava de vê-las e pressionava os maestros para contratar as ninfas. Arruinados pela quebra da bolsa, os americanos queriam se divertir, encontrar os "verdadeiros" valores familiares, quando as mulheres obedeciam, desfilavam seu lindo rostinho e preparavam docinhos. As blueswomen gritalhonas e ambíguas, com seus diademas e corpos imponentes, estavam vencidas.

Em 1935 surgiu uma nova revista dedicada ao jazz, *Down Beat*. A revista reverenciava as mulheres não somente na capa, mas também no conteúdo: era preciso vender charme. As tiragens vendiam muito bem e os músicos entenderam o caminho a seguir: criar bandas de metais com cantoras bonitas e fotogênicas e das quais os jornais pudessem contar a vida tumultuada. Jimmy Lunceford, Duke Ellington, Fletcher Henderson, Bennie Moten, Andy Kirk, Chick Webb e Benny

Duke Ellington Orchestra, c. 1935.

Goodman atravessaram o país apresentando vocalistas que mudavam como o arco-íris. Muitos maestros brancos contratavam as negras sem se preocupar com as leis de segregação, cruzavam-se orquestras negras, mistas ou essencialmente femininas e negras como as Dixie's Sweethearts e as Harlem Playgirls.

As bandas de swing perceberam que a utilização de uma voz oferecia mais vantagens no geral. As belas ou as elegantes anunciavam as músicas, aqueciam a sala e, de qualquer maneira, agradavam. Era só pegar uma banda de metais masculina de ritmo intenso e colocar na primeira fila uma "gatinha" capaz de atiçar o público exigente. Entre glamour e discrição, as cantoras não influenciavam a vida musical das orquestras, cada vez mais numerosas. Substituíveis, elas recebiam lindos apelidos. Eram chamadas de "canarinhos" ou "melros", o que mostra bem a importância que possuíam. Ao lado do palco uma jovem com roupas sensuais e chamativas levantava-se e interpretava uma balada para depois voltar a sentar-se. A regra lhe proibia de cantar alto ou de improvisar. Às vezes um cantor se juntava a ela, encarregado de cortejá-la como num jogo insignificante que impedia qualquer expressão pessoal da mulher. E nenhuma ousava perder a chance, tamanha era a quantidade das que esperavam nas portas dos clubes. Nos anos 1930, muitos desses "pássaros" – geralmente de pele branca – alçaram voo, apesar da reticência de alguns críticos.

Fletcher Henderson, c. 1940.

Jazz Ladies

Paul Whiteman Orchestra, c.1930.

Ivie Anderson, c. 1938.

Uma das primeiras vozes que abriu o caminho para os "canarinhos" chamava-se Mildred Bailey (1907-1951), uma artista de sangue indiano, "cheinha" e sensual. Essa cantora nascida em Tekoa, Washington, havia triunfado nos final dos anos 1920 e início dos 1930, logo após o fértil período do blues clássico – Ma Rainey e as outras – e antes do surgimento das futuras rainhas – Billie Holiday e Ella Fitzgerald. Ainda muito jovem começou a se apresentar em teatros poeirentos como tantas outras, e depois no rádio. E depois? Nada. O desemprego, a inatividade. Por sorte, em 1929 seu irmão apresentou-a ao maestro Paul Whiteman (1890-1967), que dirigia o grupo mais excitante do momento. O músico abriu as portas para o jazz sinfônico ao encomendar "Rhapsody In Blue" a George Gershwin. Também trabalhou com o mítico Florenz Ziegfield (do Ziegfield Folies) e acolheu ao seu lado artistas ilustres como o cornetista Bix Beiderbecke, o trombonista Jack Teagarden e ainda o cantor Bing Crosby, que partiu para Hollywood no final dos anos 1920. Quando Paul Whiteman ouviu Mildred, encantou-se e contratou-a no ato. A jovem foi a "primeira cantora" da história do jazz a fazer parte de uma big band sem ocupar o lugar de solista; dois anos mais tarde, Ivie Anderson (1904-1949) assumiria esse papel na orquestra de Duke Ellington.

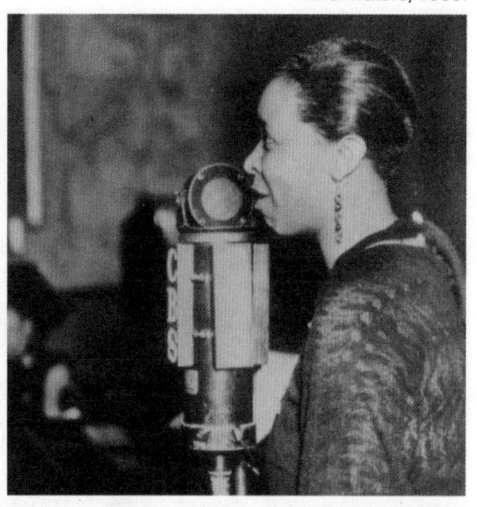

Assim, a história de Mildred e Paul representou o início dos famosos casais maestro-cantora, muito em voga na década de 1930, e que em vários casos acabou em casamento. A jovem tinha ouvido bastante as grandes cantoras de blues da década anterior – Bessie Smith, Ma Rainey, Ethel Waters (1896-1977) – e as mais recentes Boswell Sisters, importantes principalmente se analisarmos o estilo vocal de Mildred em contraste com a rouquidão de Bessie Smith. Seu canto possuía uma textura bem mais amena que faiscava no jazz, no scat, mas também nas baladas. Ela surpreendia o ouvinte. Como é que essa "gordinha" podia cantar de uma forma tão "cremosa" e tão alto? Amante da boa carne, bulímica, Mildred subiria ao topo sem esconder nada de sua vida agitada: ela já tinha passado por três maridos, um dos quais traficante de álcool.

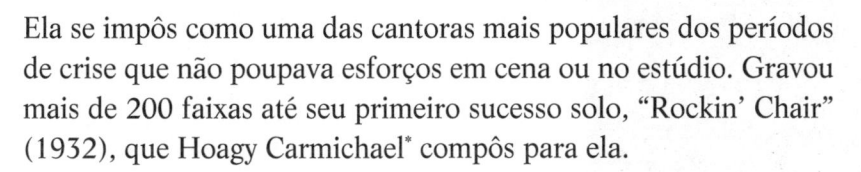

Ethel Waters, 1933.

Ela se impôs como uma das cantoras mais populares dos períodos de crise que não poupava esforços em cena ou no estúdio. Gravou mais de 200 faixas até seu primeiro sucesso solo, "Rockin' Chair" (1932), que Hoagy Carmichael* compôs para ela.

Mildred Bailey, c. 1938.

Mildred, no entanto não se casou com Paul Whiteman. Ela deixou sua orquestra em 1934, apaixonada por outro maestro, o vibrafonista Red Norvo, seu futuro marido, tão ligado a ela que a crítica os batizou de "Mr. & Mrs. Swing". Os mais velhos recordam-se do canto delicado de Mildred acompanhado pelo vibrafone sacudido de Red.

Mildred, cujo destino era ser um "melro" decorativo, conseguiu alcançar a glória graças a "Rockin' Chair", mas esse sucesso a atormentava. A indústria de jovens cantoras fluía bem nessa época e os produtores colocavam todas as "noviças" bonitinhas na fogueira, na frente de um público ávido por novidades. Mildred se sentia ameaçada. Ela envelhecia e não gostava de encontrar moças mais jovens, mais bonitas e capazes. O produtor John Hammond, que cuidava dela, traçou sobre ela um perfil realista: "Mildred era a mulher típica: capaz de ofensas duras, inquieta, sensível, autoritária e muito vaidosa. Sempre um pouco gorda, ela preferia ser admirada pelos longos cabelos negros de indiana. Mildred era muito orgulhosa, e aquele que mostrasse admiração por tal qualidade física seria seu amigo. Era um poço de contradição e muito original." Reivindicava sua origem mestiça sem preconceito racial, gravava em estúdios com músicos negros, mas evitava aparecer ao lado deles em cena, com medo de prejudicar a carreira. Ela ignorava nessa ocasião que influenciaria toda uma geração de jovens impressionadas, entre as quais uma muito bonita, Billie Holiday.

Red Norvo, c. 1935.

* Autor de "Stardust", 1928.

Billie Holiday, c. 1937.

Mildred encontrou-a em um clube, o Log Cabin, em Nova York, no início dos anos 1930. Em suas memórias *Lady Sings The Blues*, Billie escreveu simplesmente: "Certa vez apareceu John Hammond, que se tornaria um sujeito importante no mundo do jazz. Um pouco mais tarde, voltou com Mildred Bailey, Red Norvo e um belo rapaz com jeito sério chamado Benny Goodman. Mildred era conhecida por sua famosa interpretação de "Rockin' Chair". Red era um músico conhecido e também o marido de Mildred. Quanto a Benny, era um músico que tocava no rádio e na ocasião falava muito em um dia ter sua própria orquestra. Eles vinham sempre. Certa noite, Mildred deu uma bofetada em Red Norvo e saiu. Disseram-me que ela estava com ciúmes de mim. Mas eu não notei que ele tinha me olhado." Em 1939, Mildred se divorciou de Red Norvo. Ela intimidava Billie, que não parecia ligar para seu ciúme, mas continuou lacônica a seu respeito. Hoje sabemos a razão de seus silêncios embaraçosos: despeitada, sujeita à paranoia, Mildred soube que a mãe de Billie, Sadie – muito respeitosa, baixinha e de aspecto sujo – estava à procura de emprego, então a contratou como cozinheira e arrumadeira em seu apartamento de Forest Hills. Mas isso apenas no intuito de criticar o trabalho da coitada, sua preguiça, sua comida horrorosa, e espalhar para todos que lhe eram próximos no meio artístico que ela era incompetente. Em seguida, deixava escapar que Sadie era a mãe de Billie, esperando assim desacreditar a rival. Hammond achava que Billie ajudava Sadie a limpar a cozinha de Mildred às escondidas.

A hostilidade de Mildred em relação a Billie era típica das relações cheias de animosidade que as cantoras mantinham entre si durante os anos de crise. Elas cobiçavam os melhores lugares nas big bands, aspiravam transformar-se nos "canarinhos" mais bem pagos e queriam fazer parte das orquestras principais. Entre estas estava a do clarinetista Benny Goodman (1909-1986), o "belo rapaz" descoberto por John Hammond que havia finalmente realizado seu desejo e estava pronto a acolher toda uma geração de grandes artistas vocais; ele "consumiria" mais de 20 em duas décadas entre 1934 e 1959...

Mildred Bailey gravou com ele, mas certas cantoras que passaram por sua orquestra não deixaram um rastro preciso. Helen Ward, a primeira a integrar a orquestra em 1934 (mais tarde encantaria o grupo de Harry James, por volta de 1944), preferia as baladas – "Embraceable You" –, teve a sorte de encontrar um bom lugar – a orquestra de Benny – e cantarolou nas ondas do rádio, levando o swing através da América. A jovem durou duas temporadas antes de deixar o microfone para outra voz de ouro, Martha Tilton, entre 1937 e 1939, quando Benny começava a surpreender o país. Mas de que valia um trabalho tão frágil e cansativo? As vedetes da época do swing sonhavam imitar a estável Ivie Anderson, que estava com Duke Ellington desde 1931 (ficou até 1942, obrigada a sair por causa de sua asma), intérprete da famosa "It Don't Mean A Thing (If It Ain't Got That Swing)", a linda silhueta que aparece no filme dos Marx Brothers *Um dia nas corridas* (1937). Ela sobreviveu graças a sua personalidade, que a levou a ocupar o primeiro papel de solista da história depois de ter sido uma das primeiras cantoras negras a fazer parte de uma orquestra branca no final da década de 1920. Ela se lembraria do conselho de Duke quando chegou: encontrar seu verdadeiro diferencial e mantê-lo era a única forma de se destacar entre as outras. E quando ela escolheu seu estilo, seu jeito de cantar, Duke organizou por trás dela o acompanhamento perfeito. Assim, ao contrário de Martha Tilton, ela conseguiu prolongar sua existência numa orquestra.

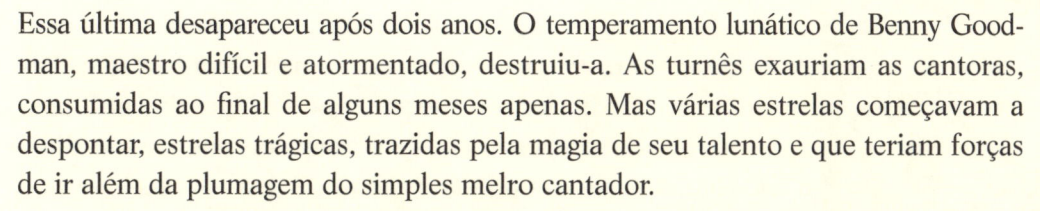

Helen Ward

Martha Tilton

Essa última desapareceu após dois anos. O temperamento lunático de Benny Goodman, maestro difícil e atormentado, destruiu-a. As turnês exauriam as cantoras, consumidas ao final de alguns meses apenas. Mas várias estrelas começavam a despontar, estrelas trágicas, trazidas pela magia de seu talento e que teriam forças de ir além da plumagem do simples melro cantador.

Jimmie Lunceford e sua orquestra, c. 1935.

Jazz Ladies

Os "canarinhos" se transformam em damas: Billie, Ella e Anita

John Hammond cruzou várias vezes com Lil Hardin, de quem gostava. Ele compreendeu todo o sentido de sua luta depois da grande crise de efeitos devastadores que levara o país ao retrocesso. O produtor apoiou a greve dos mineiros do Kentucky e não hesitou em denunciar os abusos. Franklin Roosevelt tinha lançado seu *New Deal* para tirar o país da crise. John percebeu que o "novo acordo" não levava em conta as desigualdades raciais, o apartheid, enfim, as malditas leis do Sul. Ninguém ousava atacá-las de frente, questionar essa política escandalosa. Hammond esperava usar a música para instigar as consciências, soprar um pouco de bom senso aos seus compatriotas. O jazz representava uma grande vantagem.

Billie Holiday, 1937.

John Hammond era um homem elegante, aristocrático, de fina aparência intelectual, músico frustrado, mas dotado de um instinto formidável para descobrir talentos. Ele era amigo de muitas cantoras, verdadeiros manás nesses anos 1930: além da magnífica e ciumenta Mildred Bailey, ele não desgrudava da jovem Billie Holiday, a quem acompanhava desde um certo dia de 1933. Ele a descobriu no tumulto do Harlem, no Covan's, na 133rd Street, aonde havia ido supervisionar uma vedete famosa na época, Monette Moore, uma artista do blues. John apreciava essa música. Mas Monette não tocaria lá naquela noite, pois tinha que cumprir um contrato, talvez mais lucrativo, com Clifton Webb. Decepcionado, ele percebeu no lugar da outra uma jovem que tinha chegado a Nova York dois anos antes: Billie Holiday. A partir das primeiras notas ele permaneceu imóvel, e adivinhou que o mundo da música mudaria graças a ela, graças a essa voz divina que era diferente de tudo o que se tinha ouvido até então. Ele escreveria sempre essa reflexão: "Um vocalista que não tocasse um instrumento como Louis Armstrong nem sequer era considerado um cantor de jazz." Mas Billie traçava um caminho iluminado.

Eleanora Holiday nasceu em 1915, em Baltimore, Maryland, e não teve uma vida fácil. A mãe Sadie, doméstica na casa de brancos, foi enxotada quando os patrões descobriram a gravidez. Como muitos artistas negros, Eleanora não teve tempo de conhecer o pai, que pegou a estrada para tentar uma improvável carreira musical. Esse homem, segundo Billie – mas o testemunho é duvidoso –, lutou na Primeira Guerra Mundial antes de ser intoxicado por gás durante um ataque e voltar ao país, ferido, carregando sua miséria para vários lugares. Ele acabou abandonando o lar. Billie lavava e passava roupa, ajudava as vizinhas para ganhar um dinheirinho e cantava. O jazz a seduziu. Ela admirava Louis Armstrong, de quem comprava todos os discos, e Bessie Smith, a quem invejava. Por que ela

Setembro, 1955.

não possuía sua voz? Sua força? "É claro", lembrava-se Billie, "que minha mãe achava escandaloso esse tipo de música e quando ela me pegava ouvindo eu levava uma boa surra."

Outro prazer que Billie tinha era ir ao baile, o que alimentava o falatório no bairro. As fofoqueiras de plantão diziam que Billie atiçava os rapazes e eles não gostavam. Mas a jovem ia a esses lugares para ouvir as orquestras e dançar. "O amor, eu não estava nem aí, e quando estava com os rapazes me comportava como um deles." Mas o perigo ameaçava uma jovem como ela, tão atraente, vagando pelas ruas enquanto sua mãe tentava ganhar dinheiro. Um dia, a pretexto de que sua mãe iria encontrá-la lá, um vizinho levou a jovem Holiday para um quarto e a violentou. Ela tinha apenas 10 anos. "Nunca me esquecerei daquela noite. Nem uma puta quer ser violentada... É a pior coisa que pode acontecer a uma mulher." Prostituição, roubo, violência: as futuras rainhas negras do blues e do jazz quase sempre tinham que enfrentar o que era comum àqueles tempos. Sadie, acompanhada da polícia, libertou a filha derrubando a porta do quarto. Billie se perguntava como a mãe conseguiu encontrá-la. Os policiais desconfiavam de que Eleanora havia provocado seu algoz, que a justiça condenou a cinco anos de prisão. Billie foi para uma instituição religiosa equivalente a um convento onde vegetou por alguns anos. Quando saiu, não sabia o que fazer e encontrou um emprego de garçonete que a exauria. A mãe decidiu emigrar para o norte e ela instalou-se na casa da prima Ida. Mas quando a prima morreu, teve que fugir novamente. Refugiou-se então na casa da avó. A velhinha dava força e comida à neta, e deixava-a brincar na estrada que levava a Nova York, onde ela se entregou à prostituição.

Billie Holiday, c. 1940.

Em seu livro, Billie estigmatizou o clima nefasto antes da guerra, em que policiais prendiam mães de família honestas e as acusavam de prostituição. As coitadas compravam a liberdade, pagando ao juiz uma bela quantia. Eleanora Holiday atravessou essa miséria a meio caminho entre a prisão e a morte. Durante muito tempo, os homens a assustavam, pois tinha que suportar suas contínuas investidas. Mais tarde, um trompetista possuiu a futura Billie Holiday na casa da própria avó. Depois, um cafetão com quem ela se recusou a ir para a cama denunciou-a e ela foi presa. O que Billie contou sobre o tribunal foi, sobretudo, um processo de feminilidade à imagem da juíza Jeanne Hortense Norris, "uma velha insensível, sisuda, os cabelos cor-

Março, 1946.

Billie Holiday, c. 1947.

tados curtos quase como os de um homem". "Cortados como os de um homem!" Eleanora detestou-a. A juíza austera tinha prazer em declarar às mulheres que compreendia os problemas sociais, mas ignorava tudo a respeito de Billie e seus dramas. Diante dela estava a futura maior cantora de jazz social de todos os tempos, cujo percurso acumulava os milhares de tormentos aos quais as mulheres estavam sujeitas naquela época. E Jeanne Hortense, apesar de tudo, jogou a culpada na prisão – depois de um período no hospital – entre drogadas e lésbicas numa cela escura infestada de ratos.

Quando foi solta, Eleanora continuou a vagar, dessa vez nos clubes de jazz, nos quais encontrou o pai músico, membro da orquestra de Fletcher Henderson, um homem que ela quase não reconheceu por causa de tanto cansaço. As sequelas da ferida o queimavam. Eleanora transformou-se em Billie em homenagem à atriz de cinema mudo Billie Dove, com quem queria se parecer. Começou, então, a cantar nos mesmos clubes e superou o pai.

Um trombonista lembrava-se da pequena família: "Clarence era um companheiro amável e gentil com todos que encontrava, ao contrário da filha Billie, muito antipática e de reputação duvidosa. Ninguém entendeu nem tentou entender seu estilo quando ela começou a cantar em público." Clarence mantinha distância. Ele não queria revelar que Billie era sua filha com medo de revelar a idade.

Assim, John Hammond descobriu-a no Harlem. Billie "miava" de forma sublime, acompanhada pela pianista da casa Dot Hill. Encantado, John seguia a jovem prodígio por todos os lugares onde ela se apresentava: no Yeah Man, no Hotcha, no Jerry's Log Cabin... Ela atraía os músicos. Um pianista, Bobby Henderson, se apaixonou por ela durante algum tempo. Billie amava esse cavalheiro, o primeiro que a cortejou. Com Bobby, ela finalmente se sentiu mulher.

Nos meses seguintes, John Hammond a promoveu, escrevendo artigos elogiosos sobre ela. Mas as gravadoras de discos, devastadas pela crise, hesitavam em lançar uma total desconhecida. "Ela não era uma cantora de blues, mas interpretava as canções populares", escreveu Hammond em suas memórias*. "Tinha um ouvido misterioso, uma boa memória das letras e um senso agudo do fraseado. Ela adorava o som de Louis Armstrong e não era nenhum exagero dizer que cantava como ele tocava o trompete. Era linda, com aparência e porte de uma 'lady' que manteria sempre mesmo nos últimos anos de sua vida. Naquela noite, decidi que ela era a melhor cantora de jazz que eu já tinha ouvido."

Finalmente, Hammond conseguiu convencer os empresários. Dona de um enorme talento, Billie cresceu rápido, bebendo e fumando um pouco de maconha. Contudo, sua notoriedade levou tempo para sair do Harlem. Billie lutava num ambiente de homens. Sua voz flutuou muito tempo acima dos machões desde a orquestra de Teddy Wilson até seu encontro com o famoso saxofonista Lester Young, por quem se apaixonou musicalmente. O músico de prestígio condecorou a antiga prostituta de Baltimore, a prisioneira violentada, dando-lhe o apelido de "Lady Day". Talvez hoje tenhamos esquecido o valor de tal apelido para uma cantora negra vinda de tão longe, mas Lester atribuiu à sua amiga uma verdadeira marca de nobreza que despertou muita inveja. "No tempo de Log Cabin", queixou-se ela em seu livro, "as outras garotas riam de mim porque achavam que eu era muito orgulhosa para ir recolher a maldita grana na mesa." Em contrapartida, Billie chamava Lester de "Presidente" (Prez), pois via nele o maior homem do país.

Eles se conheceram em uma *jam session* em Nova York, e Lester guardou na memória a jovem de 19 anos. Os dois amantes platônicos – nenhuma relação carnal os uniu – se entendiam perfeitamente bem, riam, gostavam de maconha, de ritmos lentos, de romantismo, protegiam-se mutuamente nessa América tão hostil com os negros. O "Presidente" cresceu à custa de disciplina, trabalho, treinamento, mas Billie trilhou outro caminho, mais instintivo, mais selvagem. Lester a apaziguava.

Os músicos e cantores amavam Billie, ao passo que ela temia as rivais, capazes de a mandarem de volta para a sua mediocridade. A famosa Holiday não esquecia os ressentimentos que Mildred Bailey sentia por ela, e quando encontrou a grande e magnífica orquestra de Chick Webb imaginou-se no lugar de Ella Fitzgerald. Sonhava fazer parte de uma grande orquestra de swing, mas ninguém pensava nela, a intérprete de baladas. Ela foi posta numa categoria da qual não conseguia sair. Talvez essa frustração a tenha feito torcer o nariz para a performance de Ella. "Essa moça numa orquestra tão grande e maravilhosa como a de Webb? Quanto desper-

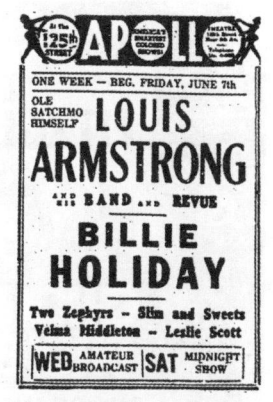

Junho 1946.

Teddy Wilson, c. 1936.

Lester Young, c. 1945

* John Hammond, Irving Townsend, *On Record*, Ridge Press/Summit Book, New York, 1977.

Janeiro, 1948.

Ella, c. 1938.

dício!" Billie viu que não se tratava de um "melro" comum, mas de uma "lady". Então lhe deu as costas e foi embora.

Como Billie, Ella Fitzgerald, voz de ouro na maravilhosa orquestra de Chick Webb a partir de 1935, enfrentou muitos percalços no começo. No passado, a jovem frequentara o Savoy Ballroom, no coração do Harlem, onde, aos 13 anos, pensava em vencer numa atividade popular: a dança. Mas por que não cantar? Ela gostava do desafio, as gigantescas batalhas de orquestras, os concursos de calouros que surgiram com a crise. Tentou a sorte. Antigos sucessos das Boswell Sisters estavam de volta, e ela os interpretou. Ela nunca tinha cantado de verdade, mas o timbre quente de sua voz fascinou imediatamente. Entretanto, naquela Harlem em crise ela ainda não tinha estourado.

O maestro Webb não aceitou contratar a tímida debutante até se convencer, chegando ao ponto de defender a artista contra os proprietários dos clubes que decidiam tudo. A recém-chegada, de pele clara, não chocaria o público puritano. Ella pensava em Billie Holiday, em sua beleza negra, e sonhava imitá-la, a ponto de colocar uma flor em seus cabelos e até conseguir um autógrafo de seu ídolo, três anos mais velha – "Lady Day" não se lembrava. Billie pensava sempre no momento em que conseguiria penetrar os mistérios das grandes orquestras.

No início desprezada pela grande Billie, Ella procurou apoio, pois sua entrada na orquestra de Chick Webb provocou muito rebuliço e despertou os velhos reflexos sexistas: "Ela era gorda e desajeitada, não impressionava ninguém", afirmou numa entrevista em 1989 o saxofonista Garvin Bushell. Ella lutava contra a solidão e talvez por causa da timidez mantinha-se afastada e não se entrosava com a vida da orquestra. Sem dúvida, ela não devia se sentir à vontade naquela banda masculina. E jamais travaria laços de amizade nem amorosos com nenhum dos músicos que a acompanhavam. Ela tinha a impressão de ser vigiada. Webb a protegia, fascinado por essa cantora excepcional, mas que agia na contracorrente, quebrava as regras e não sabia respirar. Mas que força!

Ella cruzou o caminho de Billie, que substituiu em uma gravação para a orquestra de Teddy Wilson, e ganhou mais confiança. Quis até compor e começou a rabiscar algumas melodias. Webb musicou um texto que ela escreveu, "Showed Me The Way", que Billie Holiday

Chick Webb Orchestra e Ella Fitzgerald, c. 1935.

interpretou – uma grande homenagem, certamente a melhor lembrança de Ella. A mais jovem ainda era muito tímida para abordar a cantora. O que lhe diria?... As duas não tinham nada em comum. Fitzgerald continuou a trabalhar para fazer jus ao enxame de jovens que começavam a girar em torno da orquestra. Mas a inveja dos outros músicos a oprimia. Webb sabia que o público queria ver Ella, e por isso sacrificava tudo, até mesmo um cantor maravilhoso que contratara, Louis Jordan. O jovem artista fazia sombra à princesa.

Ella vivia em seus sonhos e passava seus dias ouvindo Billie, desejosa de atingir sua sensibilidade. Mas não possuía o senso trágico de sua "amiga" rival nem seu romantismo. As duas jamais seriam confundidas. Uma cantava baladas, a outra swing. Chick Webb jamais despediria Ella para pôr Billie em seu lugar.

Janeiro, 1948.

A grande Fitzgerald não era a única a receber os olhares altivos de Billie, que tinha em Anita O'Day, uma recém-chegada com personalidade forte, a sua pálida imitadora branca. Mas a jovem até então desconhecida que nasceu em Chicago em 1919 idolatrava Billie e lamentava só despertar raiva em seu modelo. Porém, rompidas as barreiras, Anita não desistiria. Seu pai bebia, jogava, era mulherengo. Talvez

Jazz Ladies

Anita O'Day, c. 1945.

tenha sido esse exemplo que a fez dar início aos 12 anos às suas primeiras experiências ilícitas e rebeldes, como fumar erva. Ela adorava a sensação e acreditava atingir a própria emancipação naqueles anos de depressão.

Faltava tudo à família O'Day. Jovem, Anita começou a se produzir para os bailes e festas. Ela participava de concursos de canto e de dança durante horas, dias e noites inteiros, até o cansaço completo em maratonas terríveis descritas por Horace McCoy (1897-1955) no famoso livro *A noite dos desesperados*. Anita aguentava o tranco, dançava, dançava, tentava vencer outros candidatos pobres – cozinheiros, publicitários, músicos, advogados – todos despedidos por causa da crise e obrigados a se apresentar nessas disputas para sobreviver. Muitos conseguiram ao preço da saúde. Mas Anita tinha saúde para dar e vender! Um médico verificou seu pulso e mediu sua capacidade de suportar a prova. Esse período amargo, durante o qual também cantava nos clubes, forjou sua personalidade. Descobriu Billie, Ella Fitzgerald, Mildred Bailey e a esquecida Martha Raye, tão magra, que dançava como ela. Ainda à margem da glória, Anita se misturava à atmosfera enfumaçada e sexy das boates de Chicago. Um copo na mão, um cigarro na outra, ela vagava entre os homens, músicos, e até aprendeu a tocar bateria. Sua determinação admirava os que a cercavam.

Seus pais se divorciaram e a mãe parecia incapaz de lhe dar o amor com que a jovem Anita sonhava. Ela se lembraria por muito tempo da sua passagem pelo hotel Chelsea, o único lugar em vista para uma cantora ambiciosa de 19 anos. Alugou um quarto barato, passeava fumando erva e conversava no bar com desconhecidos na esperança de conseguir um bom partido. Ela esperava.

"Strange Fruit": a mulher ou o paraíso perdido

Billie Holiday, 1942.

"Fui acusada de me deixar cortejar por todos os músicos e diziam que era a maior confusão. Era tudo mentira e eu disse a eles", escreveu Billie Holiday em suas memórias *Lady Sings The Blues* (1956). Ela acrescentou: "Eu não fazia nada com ninguém da orquestra, exceto um cara, e ainda por cima nem foram tantas vezes." Como muitas mulheres, Billie recusava a imagem de provocadora que a imprensa publicava – uma imprensa que esmiuçava a vida de turnê com a orquestra de Count Basie e falava sem nenhuma prova dos músicos com quem ela transava cada noite. Felizmente, o grande Lester Young, o "Presidente", a defendia, mas a amizade deles provocava muita amargura. "Eu me lembro de como o falecido Herschel Evans me detestava. Cada vez que um dos arranjadores de Count Basie escrevia alguma coisa para mim, eu dizia claramente que queria Lester fazendo o solo atrás de mim. Aquilo deixava Herschel furioso. O que não queria dizer que eu não gostava da maneira dele tocar. Eu simplesmente preferia a maneira do Lester." A preciosa declaração de Billie mostra o quanto uma mulher em uma grande orquestra, mesmo uma estrela, tinha dificuldades para impor suas preferências.

Os homens a desejavam. Que maravilhoso destino teve Eleanora, a filha da pobre Sadie, invejada por Mildred! Quantas celebridades agora iam aos seus shows esperando falar com ela! Paul Muni, o *Scarface* (1933), Howard Hawks, Charles Laughton... Ela dizia não conhecer esses nomes famosos. Nenhum obstáculo resistia ao seu ardor trágico, a não ser uma espécie de felicidade. Seu pai morreu em 1937 de pneumonia. Billie dizia que ele foi vítima da segregação: vários hospitais brancos teriam se recusado a tratar dele. Ela entendeu que durante toda a sua existência de cantora enfrentaria as leis Jim Crow*, mas esperava se preservar com a ajuda do jazz.

No ano em que seu pai morreu, o maestro Artie Shaw lhe concedeu uma licença. Ela deixou Count e tomou outra estrada, bonita, mas difícil, dolorosa e também feita de brigas contínuas por causa da cor de sua pele. Ela já estava cansada. Um dia, a orquestra parou em um bistrô e pediu comida. A garçonete loira distribuiu os copos aos músicos, mas "esqueceu" Billie. Furiosos, os homens saquearam o bistrô "imundo". A cantora agradeceu, mas essa solidariedade não a impediu de tomar uma decisão radical. Saiu do grupo de Artie Shaw exaurida dessas lutas incessantes, da disciplina quase militar da big band que exigia perfeição a cada momento. Não suportava mais sentar-se ao lado do palco como um poste. Ela esperava sua vez na posição central, e depois, assim que entrava em cena, ouvia insinuações racistas e pensava na grande Bessie Smith, prisioneira desse mesmo obscurantismo para o qual a rainha do blues muitas vezes torceu o nariz. Billie soube que um promotor pressionava Artie Shaw para contratar uma branca. O maestro cedeu e fez testes com várias cantoras antes de escolher Helen Forrest (1918-1999),

Artie Shaw, c. 1937.

N. do E.: Jim Crow era um nome comum de escravo, e foi utilizado para intitular uma canção de Thomas Rice. Essa canção ridicularizava os negros, retratando-os como idiotas engraçados, congenitamente preguiçosos, mas com uma aura de felicidade infantil. O nome foi aplicado à legislação que contribuiu para a prática da segregação entre brancos e negros.

Helen Forrest

Jazz Ladies

Bessie Smith, c. 1935.

uma jovem de 19 anos de Atlantic City. Artie pensava poder manter as duas vedetes e assim acalmar as tensões raciais. Billie se esforçou para acolher Helen, que lhe seria sempre muito grata, como disse mais tarde: "Ela foi maravilhosa comigo, sempre tentou me ajudar. Eu me lembro que ela dizia a Artie: 'Por que você não deixa a garota cantar mais e também fazer os arranjos?'" Billie viu Helen assumir um lugar cada vez mais importante e aos poucos foi perdendo crédito. Apesar de sua generosidade, ela sentia muito despeito ao se ver preterida em favor de uma branca.

Helen Forrest, entretanto, gostava muito da grande Holiday. Defensora dos direitos civis, ela se recusava a cantar nos teatros e clubes que não aceitavam Billie. "Canarinho" maravilhoso capaz de voar de orquestra em orquestra com o mesmo profissionalismo, de Artie Shaw a Benny Goodman – cuja suscetibilidade a incomodou –, Helen encerrou seu percurso com Harry James antes de morrer de um ataque cardíaco no limiar do século XXI.

Billie gostava do contato com a rebelde Helen Forrest e até a reconfortou algumas vezes. Enquanto isso, preparava-se para morder um "fruto estranho", cujo sabor diferente escorreu em seus lábios no pior momento de sua vida. Amargurada, afastou-se de Artie Shaw, lembrando da morte do pai e dos momentos desagradáveis de sua passagem pela grande orquestra branca. A segregação matava, excluía e continuava a espalhar a desgraça. Já fazia muito tempo que Billie lutava contra leis injustas, assim como tantas outras, como as Sweethearts, grupo feminino multirracial, e outras mulheres artistas como ela na linha de frente, e, é claro, a sublime Bessie Smith, que foi atingida em cheio durante a sua corajosa ascensão.

As angústias e os tormentos da mulher uniram-se na morte de Bessie, comentada em todos os cantos pelos jornalistas, que discorriam sobre os medos e fobias de uma América à deriva. Na noite de 25 de setembro de 1937, em uma úmida estrada em Clarksdale, Bessie seguia em um carro dirigido por seu amante Richard Morgan, um contrabandista um pouco esquisito. O carro seguia com os vidros abertos e não se sabe por que saiu da estrada. Bessie teve o braço arrancado e perdeu muito sangue aguardando a ambulância reservada aos "afro-americanos". Ela morreu se esvaindo em sangue por causa da demora no atendimento. Essa morte trágica e estúpida transformou-se no escândalo da segregação. Os homens engajados da esquerda, com John Hammond à frente, não economizaram odes à mártir negra. E foi, aliás, quase uma coincidência o fato de que apenas dois anos mais tarde tenha sido lançada a primeira grande música engajada do jazz, "Strange Fruit". Bessie e todos os negros sacrificados como vítimas da injustiça racial foram vingados.

No dia 20 de abril de 1939, Billie Holiday entrou no estúdio para gravar o poema contestador. É claro que a própria Bessie Smith tinha feito textos desse gênero, mas nenhum atacava diretamente o poder branco, o sistema estrutural da sociedade americana e sua extrema brutalidade. Esse "fruto estranho" carregava o peso de um enorme símbolo religioso. Depois da aparição da Bíblia, a maçã passou a simbolizar a mulher tentadora que ao convencer o homem a mordê-la faria com que fossem expulsos do paraíso. Billie nos guiou para outra esfera, mais confusa, mais perigosa. A ilusão se dissipou, o inferno e a terra se abriram escancarados diante de nós. Essa data ficou marcada no destino de Billie, que antes de "Strange Fruit" cantava baladas sentimentais ligadas às suas leituras, das comédias às revistas sentimentais. A partir dali acabou. Uma grande cantora saía de sua crisálida.

As primeiras notas do famoso canto ecoaram no Café Society, em Nova York, um lugar progressista aberto às ideias revolucionárias. Ali, no meio da noite, brancos e negros se misturavam, dançavam, conversavam sem se preocupar com a cor, e muitos jovens compositores idealistas vagavam pelo lugar com suas canções debaixo do braço. Entre eles, um jovem professor, Abel Meeropol (1903-1986), mostrava seu poema, esse cruel "Strange Fruit" que escrevera sob o pseudônimo de Lewis Allan:

> *Southern trees bear strange fruit,*
> *Blood on the leaves and blood at the root,*
> *Black body swinging in the Southern breeze,*
> *Strange fruit hanging from the poplar trees.*
>
> *Pastoral scene of the gallant South,*
> *The bulging eyes and the twisted mouth,*
> *Scent of magnolia sweet and fresh,*
> *Then the sudden smell of burning flesh!*
>
> *Here is fruit for the crows to pluck,*
> *For the rain to gather, for the wind to suck,*
> *For the sun to rot, for the trees to drop,*
> *Here is a strange and bitter crop**

* As árvores do Sul produzem um fruto estranho/ Sangue nas folhas e sangue na raiz,/ Um corpo negro balançando na brisa sulista/ Fruto estranho pendurado nos álamos/ Cena pastoril no galante Sul/ Os olhos esbugalhados e a boca torcida/ Perfume de magnólia doce e fresco/ Depois, o repentino cheiro de carne queimada!/ Aqui está o fruto para os corvos arrancarem,/ Para a chuva recolher, para o vento sugar,/ Para o sol apodrecer, para as árvores deixarem cair/ Eis aqui uma estranha e amarga colheita

Jazz Ladies

Os "frutos pendurados" referiam-se aos corpos dos negros linchados. Meeropol-Allan queria como intérprete essa Billie Holiday que encantava o Café Society há alguns meses. John Hammond lembraria em suas memórias, *On Record*, que a gravadora Columbia não mostrou muito entusiasmo diante da ideia de gravar palavras tão violentas. O texto poderia certamente ofender os distribuidores do Sul, onde os linchamentos ainda eram comuns. Até mesmo o produtor fez uma estranha confissão: ele também não gostava muito desse "Strange Fruit". Mas aconselhou a Columbia, caso temesse um grande estardalhaço, a dar a obra a uma filial concorrente. A canção foi então entregue ao selo "engajado" Comodore. Durante a famosa seção de gravação Billie gravou também o famoso "Fine and Mellow", um belo blues que foi na verdade a música título daquele 78 rotações.

> *My man don't love me*
> *Treats me oh so mean*
> *He's the lowest man that I've ever seen...**

Billie hesitou muito antes de se aproximar desse fogo que representava a canção política. No início ela não entendeu o poema. A canção não mexeu com seu imaginário, mas depois ela se familiarizou com o texto e absorveu as palavras. "Parecia que elas expressavam na íntegra o que matou meu pai." Ela sentiu o perigo, o medo. Descobrindo o poema, ela não tinha dúvidas de que sua jovem carreira artística poderia ser interrompida de maneira brutal. "Strange Fruit" quebrava um tabu em uma sociedade na qual a expressão "canção de protesto" ainda não havia surgido.

"Strange Fruit" marcou para sempre suas pegadas no jazz e no meio musical. Quantas gerações a cantariam? Contudo, quando o disco foi lançado não vendeu nem um milhão de cópias, sendo obrigado a dividir o primeiro lugar com outra cantora que chegara ao auge de sua arte, Ella Fitzgerald, e seu doce "A-Tisket, A-Tasket":

> *I send a letter to my mommy*
> *On the way I dropped it* **

"A-Tisket..." correspondia melhor às expectativas do público do que os linchamentos. Os produtores valorizavam o espírito inocente com o qual muitas cantoras cantavam. Ella Fitzgerald trazia uma espécie de felicidade e de inocência, enquanto Billie transmitia tragédia, menos rentável nesse período de crise. Mas "Strange Fruit" seguiu seu destino formidável. Ninguém imaginava, mas a canção tornou-se, de acordo com a escritora Angela Davis em *Blues Legacy And Black Feminism****, "a resistência e o protesto no centro da cultura negra". Acreditamos que sem "Strange Fruit" Billie teria interrompido sua carreira devido a tantos anos

---

* Meu homem não me ama/ ele me maltrata/ ele é o pior homem que já vi...

** Escrevi uma carta para minha mãe/ no caminho deixei cair

*** First Vintage Books, 1999.

de insucesso e racismo que a desmoralizaram. Finalmente, ela começou a acreditar. "Quando entrei no Café Society", escreveu ela em sua autobiografia, "eu era uma desconhecida. Saí de lá dois anos mais tarde uma estrela. Mas aquilo não fazia nenhuma diferença no conteúdo do meu pé de meia... Eu precisava de prestígio e publicidade, é lógico, mas não se paga o aluguel com isso." Prestígio, publicidade... A jovem passou por todo tipo de contrariedades. As rádios se recusavam a divulgá-la e, mais tarde, durante o macarthismo, suspeitava-se que Billie era simpatizante dos revolucionários e comunistas – sem esquecer todas as outras calúnias. "Strange Fruit" transformou-se em uma cruz difícil de carregar.

Ela teve que enfrentar a dura concorrência de Ella Fitzgerald, mais apreciada pelo público. Se Billie torceu o nariz ao descobrir a jovem na orquestra de Chick Webb, nunca mais cedeu à inveja, apesar dos esforços dos jornalistas para forçá-la a falar mal de sua grande rival. Não, ela se recusava a fazer isso, as duas não se pareciam em nada.

Billie teve, portanto, que engolir a decepção quando a Associação dos Jornalistas Negros (Associated Negro Press) nomeou Ella melhor voz feminina e Maxine Sullivan a segunda. A intérprete de "Strange Fruit" lembrava-se de outra pesquisa organizada em 1937 pela revista *Down Beat*, criada dois anos antes: Fitzgerald também ganhou seguida por Mildred Bailey em segundo e Bessie em terceiro. Outra revista, *Melody Maker*, da Grã-Bretanha, confirmou o triunfo de Ella. John Hammond em pessoa participou do concurso e estabeleceu sua própria lista de vencedores. Ele contava que um dia, ao se dirigir a Ella, a chamou de "Billie". A cantora de "A-Tisket, A-Tasket" não se aborreceu. O famoso produtor achava Billie melhor e o dizia sempre que achava necessário.

Maxine Sullivan, c. 1938.

Ella sabia que Billie vivera momentos trágicos, que bebia ou já tinha bebido muito, e que chegou ao topo da sua carreira musical por méritos próprios. Holiday balançava numa fronteira frágil, podendo chegar tarde a um encontro ou cancelar um concerto, enquanto Ella mostrava sua solidez, seu humor, sua energia formidável. Dessa forma, superou a morte chocante de Chick Webb, seu protetor, em 16 de junho de 1939. Essa perda deixou Ella desamparada, mas reconhecida. Ela teve que procurar outra aventura, outra tutela. Os pais eram coisa rara nesse final de década: os ecos da guerra já ressoavam ao longe.

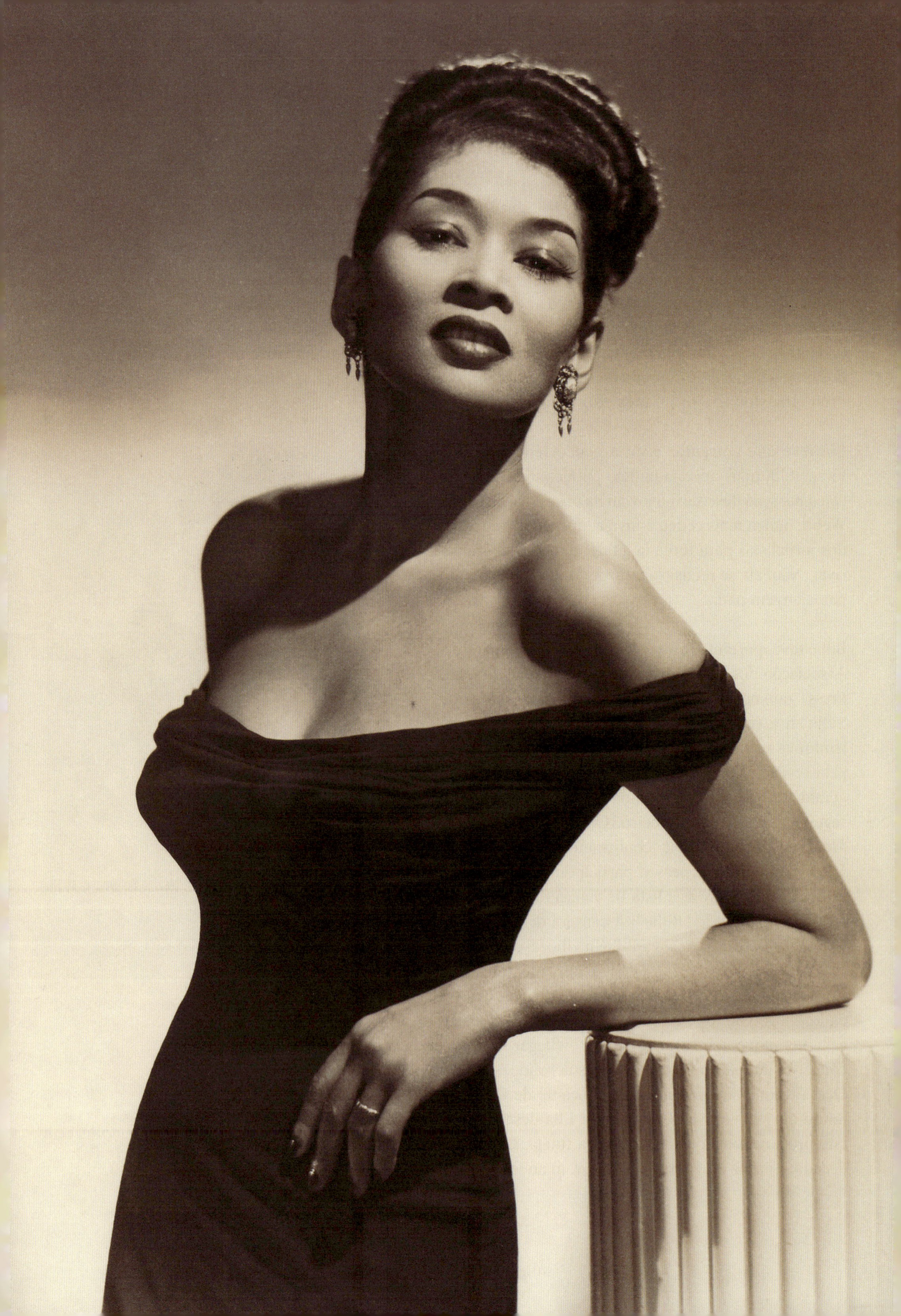

1940: os homens no combate, as mulheres tomam conta do cenário

Chovem grupos femininos!

Durante todos esses anos e bem depois, afirma a escritora Sherill Tucker em sua obra feminista *Swing Shift**, os observadores louvariam a rainha das cantoras, Billie Holiday, pela "extraordinária expressão de uma existência trágica e romanesca, mais do que pela sua contribuição para o jazz moderno". Os moralistas se esforçavam para mostrar que a grande artista vivia um drama pessoal por ter feito oposição à sociedade patriarcal, aos preceitos da educação, e desprezavam o gênio musical. As mulheres tinham que garantir o equilíbrio do lar e, se porventura se lançassem na música, não podiam exercer seu talento fora da esfera familiar.

* Sherill Tucker. *Swing Shift: "All-girl" Bands Oh The 1940's.* Durham; Londres: Duke University Press, 2000.

As dinastias floresceram: A família Young ficaria famosa graças ao formidável Lester Young, fiel escudeiro de Billie Holiday. Mas a história esqueceu-se de suas duas irmãs, Irma, a saxofonista, e Marie, a pianista. O pai delas, professor de música, transmitiu-lhes a mesma paixão e não queria que suas filhas trabalhassem como garçonetes nem que seus filhos fossem porteiros em prédios. Então, levava a família às festas ao ar livre no campo e ao carnaval na cidade com os primos e a mãe, que tocava banjo.

Outros grupos de irmãs surgiram, como as Boswell Sisters, tão importantes para a jovem Ella Fitzgerald. As três irmãs nascidas em Nova Orleans – Connie (1907-1976), a violoncelista, Martha (1908-1958), a pianista e Helvetia (1912-1988), a violinista –, como todas as jovens americanas de boa família, receberam a formação clássica, mas não puderam fugir da atmosfera da Louisiana: no bairro francês, os bares transbordavam jazz, as ruas vibravam com o swing. Desde a década de 1920, as Boswell navegavam nessa influência, criando harmonias vocais que mais tarde foram mantidas pelas Andrews Sisters. As Boswell Sisters tiveram a ideia de unir jazz e canção, um

◁ Anna Mae Winburn, the Sweetheart of Rhythm, c. 1945.

As Andrews Sisters, 1944.
Da dir. para esq.: LaVern, Patty e Maxene.

encontro quase sempre criticado. Separaram-se em 1935 por causa do casamento de duas integrantes.

Nesses anos de crise, de desânimo moral e crescimento da pobreza, o grupo, entidade familiar ou quase isso, parecia preservar as musicistas de surpresas desagradáveis. A população assistia aos concertos das mulheres como se estivessem visitando protetoras irmãs mais velhas ou até mães.

Em 1937, as Andrews Sisters chegaram ao primeiro lugar da parada de sucessos com "Bei Mir Bist Du Schön", uma canção judaica escrita em 1933 por Sholom Secunda e que as três jovens tocavam de maneira lúdica, mas também nostálgica. Essa canção (350.000 cópias vendidas) surgiu como uma arma contra o fascismo e o antissemitismo que corroía a Europa. A ruiva La Vern, forte e engraçada (nascida em 1915), a morena Maxene (1918) e a loira Patty (1920) cresceram em Minnesotta, Minneapolis, o estado das minas e do proletariado, onde nasceria, alguns anos mais tarde e não muito longe, Bob Dylan.

A mais jovem, Patty, guiava o grupo com sua voz potente e fazia os arranjos. Elas tinham ouvido as Boswell Sisters e eram fãs de Ella Fitzgerald; começaram após a grande crise em longas turnês pela estrada junto com orquestras masculinas (Larry Rich...), antes de seguirem seu caminho por conta própria, trabalhando incansavelmente. Também frequentaram os vaudevilles e os teatros itinerantes, agradando o público mais jovem. O segredo do seu sucesso era o bom humor, uma espécie de ironia alegre que as tornou muito conhecidas.

A década de 1930 facilitou, assim, o surgimento de muitas orquestras femininas e precipitou a queda do bluesmen clássico de independência e sexualidade duvidosas. Mas em breve a Segunda Guerra Mundial lançaria as mulheres uma vez mais à frente do cenário.

A América, sacudida pela derrota de Pearl Harbour pelos japoneses, em 7 de dezembro de 1941, preparava-se para o combate, e as irmãs Andrews alegravam a nação com sua mistura de cabaré, jazz e canções ritmadas. Durante a guerra, elas gravaram vários hits, entre os quais "Boogie Woogie Bugle Boy" e, principalmente, "Rum And Coca Cola" (1945). Nessa mesma época, as três apareceram em quase 20 filmes hollywoodianos e animaram programas de rádio cheias de patriotismo e fervor pelos rapazes que embarcavam para o Pacífico.

Outras as imitaram, indo mais longe ainda. A década de 1940 marcou um progresso decisivo: as mulheres abandonaram o canto e lançaram mão dos instrumentos para provarem aos homens que podiam tocar tão bem quanto eles durante a sua ausência. Enquanto isso, o ar de liberdade que soprava no país ainda escondia os velhos hábitos. Fotos lançavam aos tubarões a "rainha do trompete", Joy Cayler, maestrina de uma orquestra feminina de sucesso. As mulheres tocavam guitarras ou saxofones, apropriavam-se de percussões, baterias e criavam os ritmos. A propaganda acompanhou rapidamente essa mudança, mas valorizava mais uma vez a plástica das senhoritas, pois as jovens – a maioria não possuía o lado cômico das Andrews – deviam controlar tudo, até a aparência, decisiva para a sedução de um público, cuja moral precisava ser levantada, para escapar do abismo nazista. A disciplina comandava uma América em guerra. Os produtores mandavam as mulheres gordas para "aquele lugar" ou então perder peso, e obrigavam as que usavam óculos a retirá-los. As divinas obedeciam e se apressavam certas de que sua glória acabaria com o retorno dos homens e a inevitável reconstrução do país. Aqueles que mandavam as aconselhavam até a banir o batom, que escorreria pelos lábios ao primeiro esforço. Mercúrio cromo bem aplicado serviria.

Tal moda suscitou inimizades e irritou os círculos conservadores até mesmo nas colunas da nova revista *Down Beat*. Em 1938, a revista publicou um artigo provocador: "Por que as jazzwomen são inferiores?" Um jornalista escreveu anonimamente que "as musicistas nunca foram capazes de tirar um som mais longe do que a saída mais próxima". Essas pobres artistas "emocionalmente instáveis não conseguiam soprar os metais corretamente porque logicamente não tinham força, mas também porque tinham medo de não serem mais atraentes". Falta de energia, preocupação com a sedução... A sociedade e seus clichês atingiam essas mulheres em seus pontos fracos. Para continuarem bonitas, elas teriam que parar de tocar e cantar!

As Sweethearts of Rhythm: uma brecha nas leis segregacionistas

Nessa corrida pela aparência através de uma América gangrenada surgiu um grupo chamado The Sweethearts of Rhythm, que manteve antigos valores e adotou novas utopias. Essas "namoradinhas do ritmo" passaram feito cometas no céu feminino, mas deixaram um rastro muito mais importante do que se imagina hoje. Como encontrar seus discos gravados há mais de meio século? O coração dos colecionadores bate pelas Sweethearts, vítimas de um país em guerra ao mesmo tempo contra a Alemanha e o Japão, cortado em dois e enredado num conflito de sexos e de raças.

Jazz Ladies

Em 1865, logo após a guerra de Secessão, o Mississipi votou a primeira lei Jim Crow que institucionalizou a segregação. Esse Jim, "o abutre", herói de canções do século XIX, era a encarnação do preconceito racial. Os negros viveriam separados. O Estado Federal aprovou tais disposições, de forma que em 1883 os avanços progressistas da guerra civil originários das revoluções francesa e americana caducaram. Alguns anos mais tarde, a Carolina do Sul, o Alabama, a Carolina do Norte (1901), a Virgínia (1902), a Geórgia (1908) e Oklahoma (1918) imitaram o velho Mississipi. O governo dessas regiões proibiu a votação para os negros e aboliu a miscigenação e os casamentos mistos. Os rebeldes que contrariavam as regras eram presos ou linchados sem nenhum tipo de processo. O abscesso espalhou-se em todos os aspectos da vida cotidiana (transportes, moradias, etc.).

Em 1937 surgiu então esse jovem grupo feminino apelidado por provocação de The International Sweethearts of Rhythm. Elas cantavam as histórias edificantes que a cultura americana adorava. A orquestra começou em Piney Woods, Mississipi, numa escola para jovens negras, órfãs e pobres. O diretor, M. Lawrence Jones, queria ocupar as adolescentes e oferecer-lhes um lugar para se expressarem na esperança de conseguir dinheiro para enriquecer a pequena instituição. Ele desejava formá-las em musica rapidamente, todas negras, mas com a pele bem clara. Os responsáveis pelas Sweethearts temiam não receber o dinheiro se apresentassem jovens muito "africanas".

Anna Mae Winburn e as Sweethearts of Rhythm, c. 1945.

1940: OS HOMENS NO COMBATE, AS MULHERES TOMAM CONTA DO CENÁRIO

Anna Mae Winburn, c. 1945.

A orquestra fez tanto sucesso que apenas três anos após o nascimento já era dirigida por um profissional, o famoso maestro Eddie Durham, antigo membro da gloriosa orquestra de Count Basie. Eddie gostava de grupos jovens; mais tarde, cuidaria do All Girl's Orchestra. Ele ensinou técnica e atitude às Sweethearts, e contratou profissionais que não vinham da escola do Instituto e que já tinham navegado pelos grupos femininos. As "namoradinhas" endureceram sem perder o glamour e prepararam uma revolução da qual hoje em dia não podemos mais fazer ideia. Eddy contratava garotas que queriam mostrar seus talentos. O primeiro reforço notável chamava-se Toby Butler, uma trompetista branca que teve um percurso "perigoso". Depois da morte da mãe, Toby foi adotada por uma família negra da Virgínia que cuidou dela até a idade adulta. Ela conhecia a sensibilidade das "pessoas" que os brancos desprezíveis chamavam de "niggers". Toby acompanhava as Sweethearts. Mas a visão dos instrumentos brilhantes e dessas mulheres sorridentes e elegantes a fazia sonhar. Então, entrou para o grupo, e "a sem-família" encontrou irmãs indiferentes às questões raciais, unidas na produção de boa música. Qual era essa música? O jazz swing, inspirado pelas grandes orquestras masculinas da época e por Count Basie, de quem as Sweethearts tomaram emprestada "One O'Clock Jump". Tocavam também uma música dançante, "Jump Children", e clássicos como "Sweet Georgia Brown" e "Tuxedo Junction"... O público gostava daquelas jovens dinâmicas, cheias de juventude (de 14 a 19 anos), e seu sopro decoraria as grandes orquestras de jazz de Fletcher Henderson e Earl Hines. No Apollo, em Nova York, ou no Paradise, em Detroit, os apaixonados vinham aclamar a mais sedutora seção de metais do mundo e a mais linda união de raças.

Jones e Durham convidaram outras brancas que tentaram fundir à massa maquiando suas peles de preto para lhes fazer invisíveis aos olhos dos milicianos do Sul. A lei proibia os grupos musicais mistos. Durante as escalas, as brancas evitavam deixar o ônibus e ficavam longe dos olhares, enquanto as negras saíam, faziam compras e passeavam: situação paradoxal na qual a cor do lírio que triunfava no Sul tinha que se esconder para evitar a prisão. Alguns rostos pálidos não se adaptavam bem à maquiagem, que deixava a pele laranja e desaparecia. "Quando me olhava no espelho, me achava um monstro" diria a saxofonista Rosalind Cruz. Ela contou também que, depois de uma denúncia, um xerife zeloso decidiu fazer uma busca no ônibus. Os responsáveis pelo grupo tiraram as brancas discretamente pela porta traseira. Toby e as outras entraram em um táxi, mas o motorista assustado não aceitou transitar com aquelas garotas esquisitas vindas não se sabia de onde. Em outra ocasião, Rosalind acabou presa por ter permitido que um soldado negro a ajudasse a encontrar um taxi.

Tal subterfúgio – rostos brancos pintados de preto – prolongou ao seu modo a tradição dos shows de menestréis. Diferente da década de 1920, em que os artistas brancos adotaram essa técnica para ridicularizar os negros, alguns anos mais tarde os rebeldes adotariam o mesmo simulacro como meio de resistência.

O disfarce atrapalhava a orquestra, que às vezes se via obrigada a cancelar alguns shows inventando boas desculpas. Mas as candidatas de todas as origens continuavam batendo à porta. Logo, uma bela chinesa entrou para o grupo, a saxofonista barítono Willie Mae Wrong. (Jones a rebatizou como "Wrong", julgando que seu verdadeiro nome, Lee, não era suficientemente chinês). Nesses tempos de guerra contra os japoneses, em que a população americana desafiava um Oriente ameaçador, a presença de uma chinesa intrigava e tranquilizava como uma mensagem aos aliados na ocasião em guerra contra o império do Sol Nascente.

Apesar das dificuldades, os responsáveis pelas Sweethearts viam bem as vantagens que poderiam tirar da mistura, transformando rapidamente a associação em um grupo multirracial, o primeiro jamais ousado em terras segregacionistas e protecionistas. As mulheres profanaram o tabu, driblaram as leis injustas e inspiraram muitas vocações. As musicistas entenderam que seria muito mais vantajoso se unirem em um grupo "multicolorido", quase fora da lei, do que tentar um grupo masculino. De repente, elas se apressavam em ir para a orquestra, cobiçando a escolha suprema.

As "namoradinhas" pareciam se divertir. Entretinham a retaguarda, distraindo os soldados presos em suas bases, todas vindas de escolas ou colégios nos quais haviam aprendido o swing e a música. Uma espécie de liberdade parecia dominar os anos da década de 1940. As cantoras negras aproveitaram a ocasião para viajar e ganhar um pouco de dinheiro, em vez de servir patrões brancos, lavando e passando roupas. Elas conheceram o sucesso e tentaram convencer o público a se interessar mais por seus talentos musicais e menos pelas tragédias de suas vidas íntimas. A situação, porém, não tinha mudado desde a fantástica década do blues clássico. A audiência se fartava com as separações, os amores, e não prestava nenhuma atenção à morte da pioneira.

Mamie Smith deu seu último suspiro após uma década de perdas e decepções. Ela apareceu em alguns filmes, como *Mistery In Swing* (1940), uma comédia musical negra em que um trompetista morria assassinado pelo veneno de uma serpente colocado no bocal do trompete, e *Murder On Lenox Avenue* (1941). Interpretou pequenos papéis, ganhou pouco dinheiro e morreu exausta, arruinada, no Hospital do Harlem. Ela nunca pôde economizar o suficiente para pagar um túmulo e foi enterrada quase como indigente sob uma pedra branca no Frederick Douglas Memorial. Cerca de 20 anos mais tarde, alguns amigos fiéis organizaram um concerto de caridade para oferecer ao antigo ídolo uma sepultura mais digna. As decanas do blues clássico como Victoria Spivey e Lucille Hegamin também contribuíram.

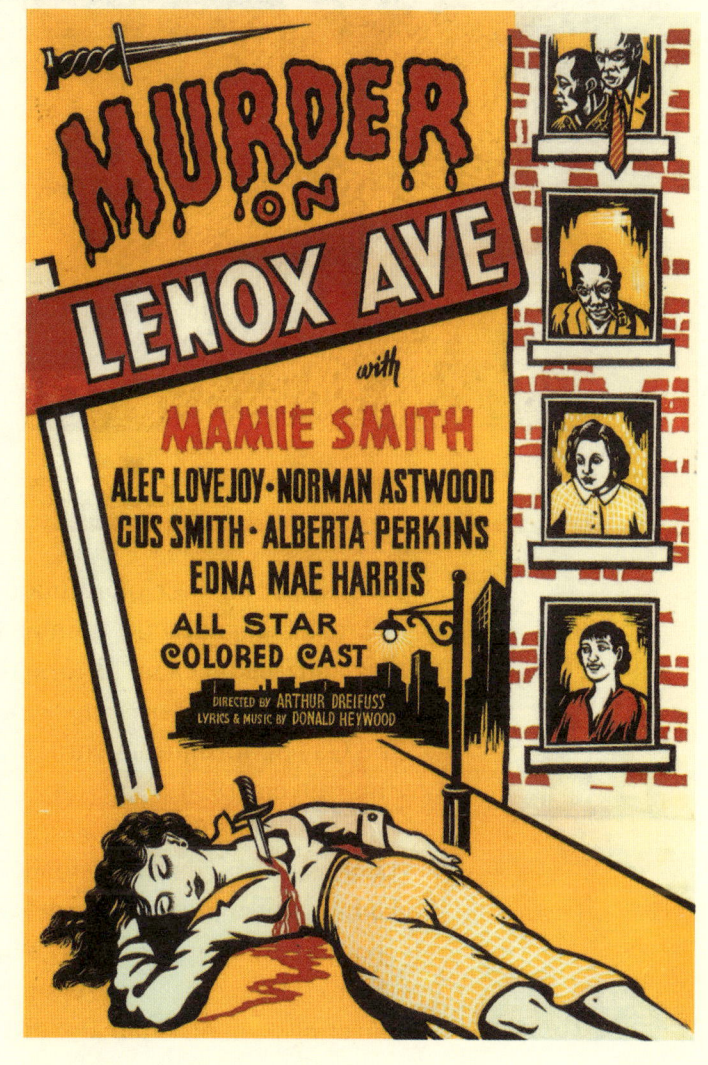

Ao mesmo tempo em que Mamie Smith morria, as Sweethearts of Rhythm também desapareciam. As "namoradinhas" não conseguiram recuperar o sucesso de 1941. Fazia apenas cinco anos que tinham conhecido a glória, as turnês lucrativas e populares em Washington D.C., no Apollo Theatre, do Harlem, e no Regal Theatre de Chicago. O público era caloroso e aplaudia Viola Burnside, uma saxofonista muito parecida com Lester Young, colega de turma de Sonny Rollins,

Jazz Ladies

Tiny Davis, 1949.

veterana do grupo de moças que começou com as Harlem Playgirls em 1930; as saxofonistas Grayce Bayron, Helen Saine, Rosalind Cron; a seção de trombones de Judy Bayron, Helen Jones e Ina Bell Byrd; a baixista Lucille Dixon, a guitarrista Roxana Lucas, a pianista Johnnie Mae Rice e a baterista Pauline Braddy, logo substituída por Ruby Lucas; o som dos trompetes subia alto sob os comandos de Ray Carter, Johnnie Mae Stansbury e Edna Williams, e, sobretudo, Ernestine "Tiny" Davis, uma afro-americana "robusta" cujo modo de tocar explodia com uma força raramente vista. Aliás, Eddie Durham certa vez convidou para assistir ao espetáculo o grande amigo Louis Armstrong, que depois foi correndo ao camarim convidar Tiny para trabalhar com ele. Que duo de trompetes os dois teriam formado! "Eu te pagarei 10 vezes mais", ele disse. Honrada, no entanto, Tiny recusou. Ela não queria deixar sua amante, a percussionista das Sweethearts, Ruby Lucas. Tiny tentou esconder sua ligação justificando a recusa por um desejo profundo de permanecer num grupo no qual reinava entre as artistas uma grande comunhão fraternal. Ruby e ela se adoravam e viveram uma amizade única na história da música, ao ponto de fundarem em Chicago na década de 1950, após se aposentarem das carreiras musicais, um clube chamado The Gay Spot. Injustamente esquecida atualmente, Tiny Davis nasceu em 1907 e morreu em 1994.

As Sweethearts davam verdadeiros shows, tocavam com jogos de luzes, como nenhum outro grupo antes delas. A solista vibrava, iluminada, enquanto o resto da orquestra estrondava mergulhado na escuridão. O público admirava as artistas, que não via e pensava que eram homens. Dava para entender que mulheres pudessem atingir um nível tão alto de virtuosismo?

Elas lutavam fora e dentro do grupo. Órfãs, vindas de meios desfavorecidos, felizes por tocar, por viver, ignoravam as contínuas tapeações, os salários inferiores ao que tinham direito. Os horários cansativos as deixavam exaustas. As Sweethearts encantaram as bases dos soldados norte-americanos antes de se retirarem por causa da mistura étnica muito explosiva na América do apartheid e da guerra.

"Dinah Washington queria saber por que eu não deixei as Sweethearts", declarou Evelyn McGhee Stone à escritora Sherrie Tucker. "Ela me disse: 'Evelyn, você poderia ser tão importante quanto nós somos'. Mas era como se eu estivesse grudada na orquestra. Eu comia. E não há nada pior do que ter fome. Eu sou uma filha da Depressão. Minha mãe ganhava 5 dólares por semana, cuidava dos quatro filhos, de sua mãe e várias vezes aconteceu de não termos o que comer. Ninguém poderia me afastar das Sweethearts. Eu não dava a mínima para o grau de celebridade que poderia alcançar. O que não podia era renunciar à minha comida." Comer parecia ser a principal preocupação dos membros de uma orquestra social cujo público reconhecia o impacto. Apesar da maquiagem, os espectadores percebiam as diferenças étnicas, conscientizavam-se do problema e até se lembravam das próprias experiências com a integração. Muitos tinham consciência da estupidez das leis Jim Crow. A imprensa criticava as artistas ao longo do caminho comparando-as a cinderelas, felizes por abandonar o Mississipi devastado.

Após dez anos, o projeto Sweethearts chegava ao fim. Muitas jovens esperavam se destacar numa carreira solo. A boa harmonia se partiu e a orquestra despareceu em 1947, no momento em que as Darlings of Rhythm, outro grupo de jovens negras, surgia no Harlem. A história contrapôs essa nova formação às Sweethearts. As "Queridinhas" faziam uma música mais dura, mais rugosa e swing, porém traziam a mesma utopia: dar às artistas negras quase sempre jogadas na rua um lugar decente para se exprimirem, viverem e lutarem. Muitos artistas compuseram para as Darlings, de Eddie Durham a Mary Lou Williams.

Josephine Boyd, c. 1948.

As Darlings, mais brutas, ao contrário das femininas Sweethearts, tocavam como homens. A ideia de "tocar como um cara", expressão utilizada depois de 1920, naquele tempo era elogiosa, e as cantoras negras gostavam de ser qualificadas como "duras", "fortes" e "viris". Elas deixaram um rastro que as futuras gerações seguiriam. Uma nova força, um vigor tinha surgido graças às "Namoradinhas" e às "Queridinhas": o templo machista vacilava.

Nascimento do feminismo musical: "Me And My Chauffeur Blues"

Os grupos femininos deram lugar a fortes personalidades. Os anos de guerra edificaram as personalidades acostumadas ao velho e distante Sul. "Todo homem que tentasse importuná-la, encontrá-la-ia pronta para o combate", disse o bluesman Johnny Shines. "Fosse guitarra, faca ou pistola, qualquer arma que tivesse à mão ela utilizava. Memphis Minnie era uma verdadeira gata selvagem. Brigava com todos os seus músicos e era sempre ela quem ganhava."

Antiga mulher da vida dos bairros de Beale Street, Memphis Minnie guardaria por muito tempo um aspecto de "bandida", mulher de rua, viajante sem destino. Quantas vezes o pianista Champion Jack Dupree a viu subir as ruas das velhas cidades do Sul com sua guitarra: "Eu a encontrei em Memphis. Ela tinha o hábito de tocar na rua. Nunca teve um marido que não soubesse tocar guitarra." Um deles se chamava Son Joe, conhecido como Ernest Lawlars, autor de músicas que ela cantava, entre as quais a famosa "Me And My Chauffeur Blues", que gravou durante uma famosa reunião em 21 de maio de 1941 nos estúdios do selo Okeh em Chicago. Son Joe a acompanhava na estrada; os curiosos pensavam que Minnie havia se instalado em Chicago, mas ela continuava a circular por todos os cantos com sua guitarra e seu marido. Teria até mesmo possuído um clube de blues em Saint Louis.

* Ma deixou a pequena Minnie continuar a boa obra.

Big Bill Broonzy, c. 1940.

Essa mulher pequenina de pela escura fascinava os homens há muito tempo, mostrando um ar febril de eternidade, de violência. Seu Joe a mimava.

Minnie prolongava a tradição do blues e do jazz feminino. Ela sempre escutava Ma Rainey, seu modelo, cuja memória celebra em uma canção intitulada simplesmente "Ma Rainey", gravada alguns meses depois da morte, em 22 de dezembro de 1939, do mito dos dentes de ouro. Ma tinha acabado de comprar um teatro em Memphis e esperava finalmente gozar do repouso merecido. Mas o cansaço dos anos de estrada venceu sua paixão e ela não aproveitou muito tempo.

A herdeira terminava a canção com os versos: "*she left little Minnie to carry the good works on.*"* As mulheres transmitiam entre si suas mensagens e sua força. Durante os terríveis anos da década de 1930, Minnie usou uma energia quase sobre-humana invocando os

1940: OS HOMENS NO COMBATE, AS MULHERES TOMAM CONTA DO CENÁRIO

espíritos daquela que a tinha precedido, uma energia redobrada a fim de vencer o ambiente misógino simbolizado pelo bluesman de Chicago Big Bill Broonzy:

> *Now, if I ever, ever get lucky, Lord,*
> *and marry again*
> *I'm gonna buy me a bulldog,*
> *'cause the dog's the man's best friend* *

«Partnership Woman» (1945)

* Mas, se por acaso eu tiver outra chance, Deus/ e me casar de novo/ comprarei um buldogue/ porque o cão é o melhor amigo do homem

Os músicos preferiam, então, a companhia de um cão à de uma mulher. Em suas memórias, *Big Bill Blues* (1955), William Broonzy, entretanto, homenageou a coragem do sexo oposto. Ele confessou a timidez e o embaraço que sentia em relação a si mesmo. Uma mulher, a cantora Helen Humes, o libertou: "Esqueça que você era horrível quando chegou a Nova York. Agora é muito tarde para trocar de cara. Então é melhor esquecer logo a sua aparência e as suas roupas. Vá para o palco, cante e toque como sempre, como você fazia antes no Mississipi para as vacas e as mulas."

Big Bill agradeceu-lhe em toda a sua ambiguidade, mas não esqueceu os antigos reflexos machistas até seu encontro explosivo com Memphis Minnie, grande fêmea tão imitada e tão ridicularizada. As moças se faziam até passar por ela e Broonzy se esforçava em confrontar as mentirosas à sua maneira. "A verdadeira Memphis Minnie", dizia, "tocava tão bem quanto todos os homens que já ouvimos... Mas essa aí toca como uma mulher. Isso não pode ser Memphis Minnie..." Tocar como uma mulher! Que tragédia para um músico que cresceu às margens do Mississipi!

Helen Humes, c. 1946.

Big Bill contou sobre um concurso de blues que disputou em Chicago com Memphis Minnie: era a tradição, os donos de bar organizavam competições de cantores entre si e os vencedores partiam com uma garrafa de whisky. Os espectadores esperavam que ele fosse ganhar, entre os quais um branco de quem ele ouviu: "Você sabe que pode destruir essa mulher na guitarra. Todos aqui sabem que você é o melhor especialista em blues de toda Chicago e arredores." Big Bill não dizia nada. Ele conhecia a habilidade de Minnie, mas poucas pessoas haviam tido a oportunidade de admirá-la, pois quando ela ia ao Norte gravar uma música o marido ficava esperando na porta do estúdio e eles retornavam imediatamente a Memphis.

Minnie tocou "Me And My Chauffeur Blues" e ganhou as garrafas de whisky que Big Bill bebeu às escondidas de um só trago. Ela triunfava. Joe, enciumado, não suportava ver os homens prostrados na frente da esposa. Ele não apreciava a glória de Minnie.

O autor de "Me And My Chauffeur Blues" continua sendo um enigma para seus admiradores. Na verdade, Minnie compôs suas próprias canções durante a década de 1930, até encontrar Ernest Lawlars e parar de escrever. Então, passou a interpretar as canções escritas por outro homem. Essa realidade incomodava o mundo musical progressista. Como é que as canções mais emancipadas do jazz e do blues femininos podiam ser obras de maridos protetores, ou pior ainda, ciumentos? Minnie tinha cedido à pressão e à intolerável exigência machista das gravadoras e entregou-se, então, ao homem, mesmo se continuava a mostrar sua habitual astúcia. A participação de Joe anunciava as futuras canções, afogadas em um sentimentalismo exagerado. Talvez ele se afirmasse como um abrigo, um homem devoto; ou teria Minnie visto nisso a única maneira de amenizar a amargura de um marido apagado pelo brilho da mulher estrela e tentar recuperar um casamento prestes a acabar?

Memphis Minnie, c. 1940.

*Eu quero ele [chofer] para me guiar/ eu quero que ele me leve ao centro da cidade/ mas eu não quero que ele leve as outras garotas/ senão eu pegarei um revólver/ e o matarei/ comprarei para ele/ um novo Ford V8/ assim, ele não precisará mais de passageiros/eu serei sua única responsabilidade

I wants him to drive me
I wants him to drive me downtown
But I don't want him to be ridin' his girls
So I'm gonna steal me a pistol, shoot my chauffeur down
Well I must buy him
A brand new V8 Ford
Then he won't need no passengers,
I will be his load*

Um ano depois de "Strange Fruit", estourava, assim, um novo texto importante para a emancipação feminina. Na canção "Me And My Chauffeur Blues", Memphis Minnie, a antiga prostituta, anunciava a independência da mulher em relação ao homem. Ela pede um motorista, mas quem dirige? A musicista senta-se no banco de trás do carro e recusa-se a dividir seu lugar. Ela comprou o carro e o motorista apaixonado, mas sua autoridade não é o bastante para tranquilizar seu desassossego e mal-estar. "Me And My Chauffeur Blues"... Nós viajamos numa metáfora puramente sexual com uma carga de reflexões sobre a dependência, o amor. Essa canção influenciará a vida das mulheres e sua caminhada em busca da liberdade. Memphis Minnie, após um longo caminho, chegou, afinal, ao apogeu. Ela chegava aos 40 anos, idade em que a mulher estava acabada.

1940: OS HOMENS NO COMBATE, AS MULHERES TOMAM CONTA DO CENÁRIO

As pioneiras de Chocolate Dandies resistem.

Em 1940, enquanto nascia "Me And My Chauffeur Blues", a antiga rainha do trompete, Valaida Snow, tentava fugir das páginas dos tabloides. Ela partiu para a Dinamarca no meio de uma Europa agitada e incerta. Essa beleza negra alegre, esplêndida, abalada pela insatisfação, assumia grandes riscos. Havia 15 anos que Valaida havia se transformado numa espécie de Marco Polo do jazz, com suas viagens pela China, Leste Europeu e Paris (1929), aonde foi no intuito de desafiar em seu próprio território a grande Josephine Baker e roubar-lhe o trono da comunidade negra francesa. Mas naquele verão nossa rainha da "Révue nègre" navegava longe de Paris, em uma longa turnê. O duelo, portanto, não aconteceu.

Earl Hines, c. 1938.

Enquanto isso, Valaida havia crescido. Ela adquiriu uma afinação perfeita e alguns grandes nomes do jazz, como Earl Hines – com quem teve um relacionamento turbulento para a alegria da imprensa marrom – ou ainda Count Basie, quiseram trabalhar com ela nos anos 1930; participou de várias gravações mostrando o melhor de sua força e esplendor, balançando seu "You Bring Out The Savage In Me" com delicadeza e swing bem típicos. O público americano celebrava e encorajava uma mulher solista num duro mundo masculino. Ela triunfou no Apollo Theater de Nova York, último cenário do esplendor antes da queda. Sua graça venceu enquanto a guerra soava ao longe. Valaida tentou tornar-se atriz, mas os produtores não a queriam, então ela decidiu embarcar com seu amigo Earl Sutcliffe Jones para a Dinamarca, onde ela já tinha ganhado alguma notoriedade no passado. Sem autorização para trabalhar, ela cantava, mas tocava muito raramente, pois seus lábios machucados faziam-na sofrer (como Louis Armstrong, que no meio da carreira chegou a ficar seis meses sem poder tocar pelo mesmo problema, com o qual teve que conviver até o final da vida). Doente, ela levou uma vida errante durante alguns meses, indiferente às advertências da embaixada americana. A guerra se aproxima. Mas por que Valaida partiria no momento em que começava a reencontrar um pouco do sucesso do passado? Os loiríssimos dinamarqueses não davam as costas à sua negritude. Muito pelo contrário, eles a respeitavam e a apoiavam. Mas em abril de 1940, os alemães invadiram a Dinamarca com o intuito de transformar a pequena nação em protetorado; espalharam-se por Copenhague e prenderam os estrangeiros. Valaida e seu companheiro de viagem, Earl Sutcliffe Jones, foram interrogados, mas não se preocuparam

Valaida Snow, c. 1938.

Valaida Snow, c. 1936.

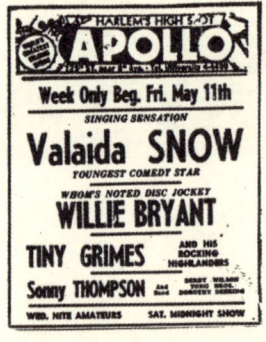

Maio, 1951.

com isso. Os Estados Unidos não estavam em guerra com os alemães. Por que os residentes estrangeiros deveriam temer?

Valaida encontrou no meio desse povo uma maneira de viver plenamente sua música sem ter problemas com a cor de sua pele. Ela não se preocupava com as informações alarmantes. Os nazistas ameaçavam o país e pensavam que o jazz era a música de uma raça degenerada. O ambiente pesava em suas consciências. Earl, que também era negro, teve medo e embarcou no primeiro navio para os Estados Unidos. Valaida preferiu ficar. Ela tocava para salas cheias. Nesse período conturbado, os dinamarqueses apreciavam essa jovem cheia de energia. Os alemães prenderam-na e acusaram-na de ser uma ladra drogada. Eles mandaram-na para Wester-Faengle, um campo de concentração nazista onde Valaida passou mais de 18 meses apodrecendo, o que comprometeu seriamente sua saúde. Ela perdeu seu famoso sorriso, sofreu e se refugiou na Bíblia. Não entendendo bem do que lhe acusavam, Valaida tinha frio, comia pouco, enviava cartas desesperadas à polícia e à embaixada contando como estava debilitada, declarando-se inocente e perguntando como os homens podiam tratar uma mulher daquela forma.

Valaida ignorava que sua antiga rival dos anos 1920 – aquela que lhe tinha roubado a cena na peça *Chocolate Dandies* – a vingaria. Josephine Baker entrou para o serviço da Resistência. Ela fugiu da cidade de Paris, ocupada pelos alemães, onde antes da derrota se apresentava ao lado de Maurice Chevalier, a quem ela detestava. Casada com um judeu, a grande artista refugiou-se em seu castelo de Milandes. Os alemães a encontraram e a interrogaram sobre suas atividades. Ela respondeu: "Se existe uma dança que eu nunca dancei é a dança da guerra. É verdade que eu tenho avós peles-vermelhas, mas já faz muito tempo que eles enterraram o machado de guerra." Nenhum inimigo ousou tocá-la. No entanto, ela aproveitou-se dos inúmeros coquetéis nas embaixadas em Paris e na Itália para passar informações aos Aliados. Os rebeldes se esconderam dentro da sua trupe, ela cantou para as forças americanas e francesas na África do Norte e a arrecadação de suas turnês enriqueceu os cofres da Resistência. Suas viagens a extenuavam, mas ela estava feliz de retribuir à França o que ela havia lhe dado.

Valaida também carregava seu imenso cansaço na sombra. Ela foi libertada graças a uma troca de prisioneiros e voltou ao seu país, enfraquecida e triste. Retornou também ao trompete e continuou a tocar porque amava a música. Casou-se com um dançarino chamado Earl Edwards. Mas a prisão a tinha destruído, e ela morreu em Nova

1940: OS HOMENS NO COMBATE, AS MULHERES TOMAM CONTA DO CENÁRIO

York de hemorragia cerebral em 30 de maio de 1956. Seu percurso tão rápido e brilhante, e, sobretudo, solitário, livrou outras mulheres que queriam se tornar instrumentistas por inteiro de seus complexos.

Josephine Baker, c. 1930.

117

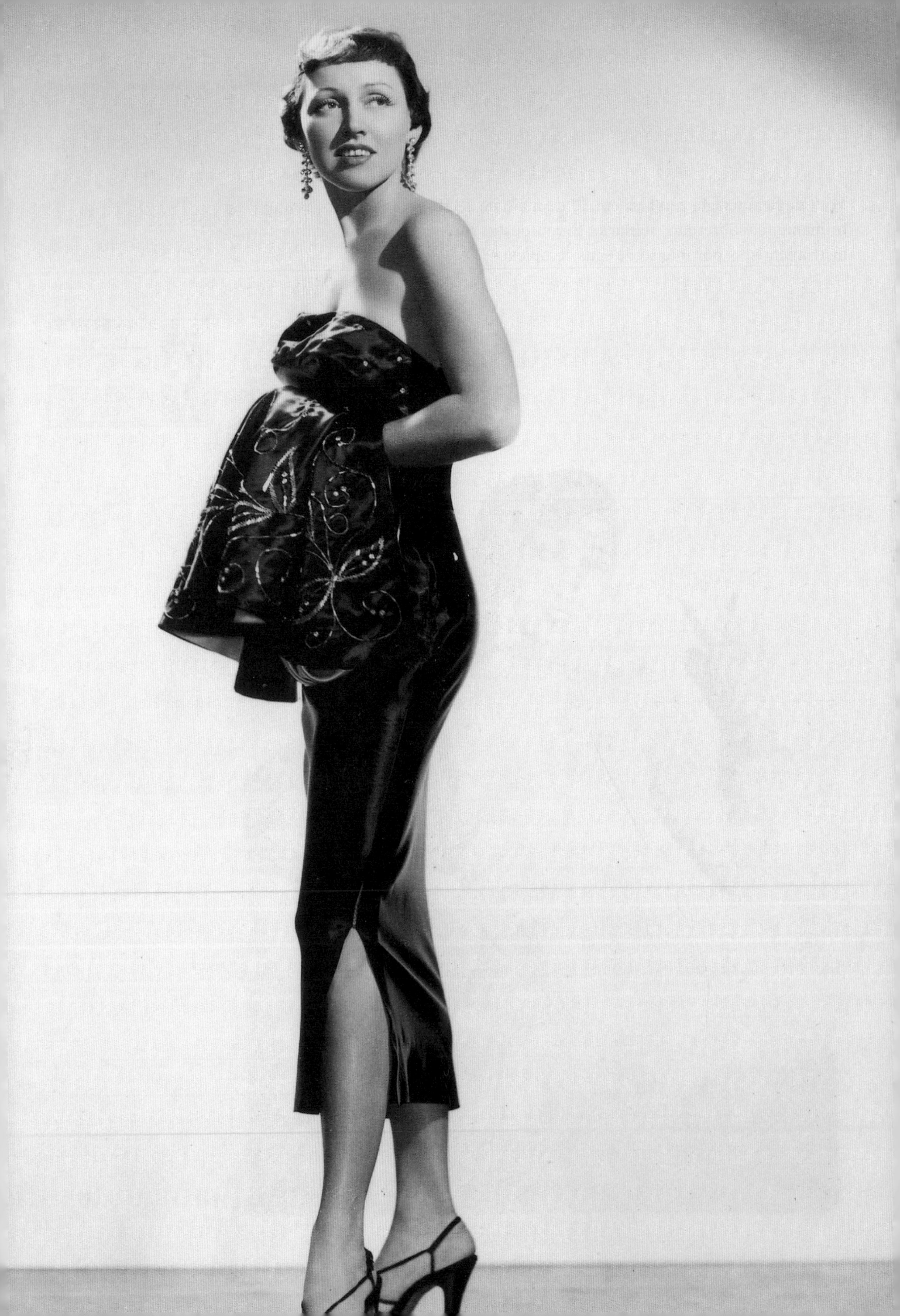

"Nós queremos ser tratadas como musicistas"

Anita O'Day se livra das vestes de "canarinho"

Durante a década de 1940, Anita O'Day também atingiu o portal da glória. Mas a que preço! Longe da família, ela lutou para se impor durante os anos difíceis da Depressão. Resistiu graças à maconha, ao álcool e à sua personalidade antes de ser descoberta pela revista *Down Beat*. O artigo distinguiu na voz de Anita uma mistura de Mildred Bailey e Billie Holiday. O dono da revista, Carl Cons, promovia seu trabalho. Consciente de que a sorte ainda lhe sorriria, ela se divertia enquanto isso em um clube chamado Off-Beat, frequentado pelos grandes nomes do jazz. Essa sorte chegou na forma do baterista e maestro Gene Krupa (1909-1973). O homem veio parabenizá-la certa noite depois do seu show e ela não escondeu sua satisfação. "Eu não tenho o costume de despedir as pessoas", disse ele, "mas se a cantora que está comigo sair agora, eu contrato você!" Ela tinha feito um teste para Benny Goodman, mas "o rei do swing" não pareceu muito impressionado. "Aqui", disse este, "a cantora canta a melodia e ponto final." Anita tinha se afastado da melodia, preferindo revolver por caminhos secundários, seguindo seu humor e sentimento. Esse tipo de fantasia nem sempre agradava os maestros, que exigiam empregadas disciplinadas, o oposto de Anita. "Todo mundo conhece a melodia dessa canção!", respondia ela. Benny acabou contratando Helen Forest, e Anita acabou se aproximando de Gene Krupa; ela tocava bateria, e essa paixão em comum os unia.

Gene Krupa, c. 1942.

Ela entrou para a orquestra no início de 1941, em 14 de abril, para seu primeiro concerto com a grande orquestra diante de uma multidão febril. Feliz, Anita realizava finalmente seu sonho: pegar emprestado a voz de Billie, Mildred, Ella, aquelas cujas belas histórias a obcecavam há tantos anos. Anita, como tantas outras que a antecederam, descobriu a vida de "canarinho", obrigada a ficar sentada desconfortavelmente ao lado do palco enquanto não cantava. Ela tentava não amassar o vestido, pouco à vontade, querendo escapar da canga que a prendia, mas sem conseguir, representação da dúvida que a torturava naquele período patriarcal. Acabou não acreditando em mais nada, como contou em suas memórias, *High*

◁ Anita O'Day, c. 1950.

Jazz Ladies

Dinah Shore, c. 1950.

Times Hard Times*. "Dinah Shore, em entrevista à *Layout*, me escolheu como uma de suas dez cantoras favoritas, mas eu não sabia se ela admirava realmente meu jeito de cantar ou se queria agradar Gene fazendo-lhe uma propaganda indireta."

Agradar os homens, sempre agradar os homens. As mulheres se submetiam. A vida com Gene era um desafio constante para Anita. Ela achava que merecia outro destino que não o papel decorativo em que Krupa a colocava. Desde sua aparição entre esses homens, ela se sentiu incomodada, não sabia onde se sentar, recusando qualquer gentileza, e não queria aceitar outro tipo de tratamento. O público a observava como uma "coisa estranha", essa gente que ela compararia num misto de medo e fascinação a "crocodilos cheios de saúde". Anita enfrentou dificuldades. Manter seu vestido impecável exigia um grande esforço e atrapalhava sua concentração. "Eu quero ser tratada como qualquer outro músico", disse ela a Gene Krupa.

Em 1941, durante uma turnê, a grande Anita abandonou o vestido e vestiu o uniforme da orquestra, certa de que o público a veria como um músico comum e não uma mulher, pelo seu talento e não por suas formas. Mas a roupa intrigou ainda mais a imprensa, que duvidava de seus modos e ironizava sua sexualidade. Ela teve medo. Nesses tempos puritanos, o lesbianismo e a assexualidade tiravam qualquer uma do circuito e destruíam seu futuro. A ironia da história é que o estranho uniforme de Anita seria copiado por outras cantoras. Pouco importavam os rumores, as mentiras. Anita não queria mais ser um "canarinho". Ela diria em 1965, em entrevista à revista *Melody Maker*: "Não, eu não sou exigente, espero simplesmente que os rapazes conheçam sua função. Não podemos impor a ninguém uma maneira de tocar, mas é preciso que ele seja capaz de sentir de que maneira deve exprimir a melodia. Como dizemos, se tiver que perguntar, ele não saberá nunca." E ainda acrescentou: "Eu quero que os músicos me estimulem, e não que se contentem apenas em me acompanhar." Desde a década de 1940, a rebelde Anita, filha da depressão, formada pelos longos concursos de dança "maratonianos" e pela solidão, impunha seu dinamismo, sua independência e seu poder de decisão. Ela marcou o fim do período dos "canarinhos" e o início das bandas lideradas por grandes cantoras.

Anita reivindicava um tratamento melhor, tentava conseguir aumento, mas não ignorava o individualismo das cantoras pouco inclinadas a se unirem. Billie Holiday reclamava com frequência do salário medíocre que recebia nas grandes orquestras de Artie Shaw e Count Basie, mas nunca clamou suas reivindicações nem se uniu às "colegas". Depois de "Strange Fruit", ela conseguiu viver com mais con-

* Limelight Editions. Nova York, 1981.

forto porque finalmente passou a se apresentar sozinha e abandonou os grandes grupos junto com Lester Young.

Anita chegava ao topo. Em 1942, a revista *Down Beat* a colocou em sua lista atrás de Helen O'Connell (1ª), Helen Forrest (2ª), Billie Holiday (3ª), mas na frente de Dinah Shore (5ª). Ela fazia o papel de "amiga de todos", distinguia-se das outras estrelas por suas brincadeiras, sua sinceridade e a roupa esquisita com longas meias que subiam pelas pernas. Anita em pouco tempo ultrapassou todos os obstáculos: intérprete vigorosa de "Drum Boogie" (Krupa, Roy Eldridge, 1941), "You Betcha" (C.S.Tolbert, 1944), com a orquestra de Stan Keaton, e de "Tea For Two" (V. Youmars, I. Caesar, 1945) e tantas outras, ela iluminava as salas escuras. Seu temperamento forte e sua recusa a ser "empresariada" não ajudaram a aplainar as irregularidades de sua carreira incomum. Mas sua grandeza seria reconhecida logo depois da guerra.

Stan Kenton, c. 1952.

Jazz Ladies

Mary Lou Williams entra no Carnegie Hall

Entre 1940-1945, vários obstáculos impossibilitaram as carreiras meteóricas. O sindicato dos músicos, por exemplo, exigia ao governo o pagamento de direitos autorais e decretou pura e simplesmente a paralisação da produção musical: nenhuma gravação discográfica seria realizada até segunda ordem. O sindicato protestava também contra o racionamento das matérias-primas. Mas a guerra não freou a carreira de Mary Lou Williams, muito pelo contrário. Diferente de Billie, Mildred, Anita e Ella, todas há muitos anos concorrentes no canto, Mary Lou, assim como Memphis Minnie, subia uma estrada exclusiva em que se impunha como pioneira: a instrumentação e a composição.

Os produtores aconselharam Mary Lou a deixar o marido, John Williams. Ele não suportava o fato de Mary ser mais famosa que ele. A musicista tentava não dar atenção aos ciúmes de Williams. Por que queriam forçá-la a não ter mais homens, a enterrar sua vida íntima? A música, sempre a música! Ela deixou John e se apaixonou pelo trompetista Harold Baker, com quem se casou em 10 de dezembro de 1942. A união da "rainha dos marfins" com o "homem do trompete de ouro" rendeu muita publicidade. Baker, músico da orquestra de Duke Ellington, interessou-se por Mary Lou e pediu-lhe que fizesse o arranjo de algumas músicas.

Count Basie, Mary Lou Williams e Art Simmons, c. 1954.

As longas viagens através do país foram retomadas. Mary não se queixava jamais, mesmo sentindo o peso da vida nômade com aqueles homens. Não conseguia tomar banho todos os dias e dormia pouco, mas o extraordinário ardor de Duke a ajudava a vencer os obstáculos. Ela teria tempo para fazer uma famosa adaptação de "Trumpet No End". Contudo, sentia-se deprimida, mais ainda depois que seu marido Harold a agrediu. A orquestra do grande Ellington não lhe dava tudo o que ela esperava. Mary Lou queria voltar a Nova York. Mais uma vez, então, ela tomou uma decisão radical e fugiu, abandonando pelo caminho a abundância prometida.

Ela travou amizade com os representantes de uma nova corrente, o bop. Esse estilo era o oposto à sua escola estética, do swing e do blues. Apesar de tudo, Mary se interessou, e não queria deixar para outros a exploração de novos horizontes. Ela sempre pesquisou, investigava os sons desde a época em que fazia os arranjos no grupo de Andy Kirk. Então, teve a ideia para uma obra ambiciosa, *The Zodiac Suite*, impregnada da música sinfônica de Stravinsky.

Mary Lou admirava muito o sopro de Duke Ellington e o extraordinário gosto pelo risco de seu mentor, primeiro artista negro a mostrar sua obra no prestigioso palco do Carnegie Hall. As portas do céu se abriram diante dela quando o produtor Norman Granz lhe propôs a montagem de sua obra no Carnegie Hall. *The Zodiac Suite* exigia flautas, metais, cordas, piano, baixo. Ela chamou alguns músicos de renome como Ben Webster e Mouse Randolph.

E o espetáculo abusou do luxo. A crítica achou o show "audacioso", "cheio de coragem", "uma criação do futuro". Mary realizou seu desejo: ser reconhecida como uma verdadeira musicista, livrando-se da diminuída imagem de mulher. Atingiu o apogeu em 22 de junho de 1946 e sentia-se inspirada, como mostra a linda sequência: "Blue Skies", "Cloudy", "How High The Moon", "Humoresque" e tantas outras... Ela ficou ainda mais famosa aos 40 anos, como Memphis Minnie, mas sem fazer fortuna. Continuou a evitar pretendentes e produtores libidinosos. Após grande hesitação e muito descontente, concordou em participar de um trio totalmente feminino, consciente do risco de arruinar anos de trabalho, de luta para escapar do gueto. A crítica musical não ligava para uma formação sexy. O esplendor de *Zodiac Suite* e seu futuro não podiam ser desperdiçados tão depressa com um retrocesso. Além disso, será que ela encontraria artistas mulheres à sua altura? Mesmo hesitante, ela levou adiante a pequena banda formada pela baixista June Rotenberg e a vibrafonista Marjorie Hyams num disco dedicado às mulheres, *Girls In Jazz*, no qual apareciam, entre outras, as famosas Sweethearts of Rhythm, cuja alegria tinha encantado a América durante a crise. Mary Lou fez amizade com algumas delas.

O prazer de tocar continuava. A simplicidade ainda era atraente. A pianista continuava se divertindo no teclado e observando a população musical dos clubes. Ela aperfeiçoou sua técnica instrumental ao ouvir um jovem de apenas 20 anos de idade, Thelonious Monk. Ele inventou um estilo chamado de "música zumbi" cujos acordes torcidos lembravam Frankenstein e filmes de terror. Mary Lou se inspirou imediatamente. Naquele tempo, o mundo musical fervia. Os anos tinham passado desde que ela lançara sua dança noturna em 1930. Mas Mary não tinha acabado, compôs ainda duas canções maravilhosas: "Boogie Misterioso" e "Waltz Boogie" (1945-1946), e entrou para a história do jazz feminino e masculino.

Ben Webster, c. 1940.

THELONIOUS MONK • Blue Note Recording Artist

Jazz Ladies

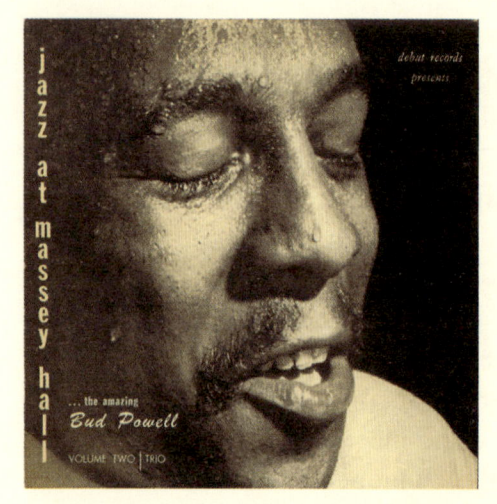

À sombra das bandeiras

Mary Lou Williams triunfava. Segura de si, ela se inflamava e convidava. Seu apartamento no bairro quente do Harlem, no nº 63 da Hamilton Terrace, acolhia as belas noitadas musicais e de conversas teóricas – em uma só palavra, o futuro. Os artistas, de Mel Tormé a Dizzy Gillespie, apareciam para compor e tocar. Monk, é claro, frequentava o salão musical e mostrava suas obras ao ouvido infalível da musicista. A autora de *Zodiac Suite* tinha um salão quase mítico, recebia músicos, mas também ajudava os mais velhos que tinham perdido o trabalho, oferecendo-se para contratá-los ou recomendando-os para outras orquestras. Ela dizia até que o Birdland, clube noturno de Nova York, tinha lhe oferecido 75 mil dólares por semana para apadrinhar o grande pianista do bop Bud Powel, na época incontrolável, mas totalmente perdido, incapaz de ir aos próprios concertos. Ela recusou.

Na Hamilton Terrace, uma jovem maravilhosa chamou a atenção de Mary Lou: Sarah Vaughan, que queria conhecer a nobre Williams. Alguns jornalistas apresentavam a jovem como uma futura rainha depois que ela, aos 18 anos, venceu em outubro de 1942 um concurso de canto no Apollo. Ela participou da competição porque Ella Fitzgerald já havia cantado naquele ilustre palco. Sarah, com seus olhos amendoados, sua cabeleira, sua sensualidade, provocava conflitos. Um amigo lhe disse que o público do Apollo sempre perturbava as cantoras, mas a jovem artista não se abalou e ganhou com a música "Body and Soul". Embolsou dez dólares e a promessa de um futuro contrato. Ela sempre se mostrou à vontade nesses concursos. O crítico Leonard Feather se lembraria que depois de ter vencido uma competição ela podia escolher entre um par de patins ou um ingresso para o concerto de Marian Anderson. Ela preferiu o show.

Ella Fitzgerald elogiava a jovem e lhe previa um belo futuro. O destino das duas mulheres começou a se cruzar durante os complicados anos de guerra. Sarah não escondia a alegria diante da hipótese de dividir a cena com Ella, pronta para enfrentar a grande artista e desbancar as nobres figuras de sucesso em voga. Em janeiro de 1943, a revista *Down Beat* publicou sua famosa lista: Helen Forrest, Helen O'Connel e Anita O'Day ocupavam as três primeiras colocações. Billie Holiday as seguia em quarta posição. Ella, que tinha acabado de gravar a popular "All I Need Is You" com os Four Keys, chegou apenas ao 13º lugar. A ambiciosa Sarah teria um enorme trabalho pela frente se quisesse vencer.

Sarah com a orquestra de Earl Hines, 1943.

Sarah Vaughan, natural de Newark, em Nova Jersey, representava a nova geração. Nascida em 1924, o ano do triunfo de Bessie Smith, ela era dez anos mais jovem que Billie, ou seja, um mundo. Aquela que seria chamada de "cantora perfeita" ou "a divina", em razão do seu elevado grau de excelência, era filha de um carpinteiro que nas horas vagas tocava guitarra. A mãe era frequentadora assídua da igrejinha da esquina, onde cantava de vez em quando. A família modesta trabalhava duro e os pais esperavam que a filha tivesse um futuro melhor. Eles lhe incutiram bons valores morais e aos domingos iam à igreja, onde ela aprendia música. Sarah iniciou-se no piano, treinando por horas. As lembranças da Grande Depressão e da população faminta, jogada na beira da estrada, a perseguiriam até o fim de seus dias e a levariam a dar o melhor de si para não cair também. Sarah, aliás, era brilhante em tudo que fazia, de tal maneira que já começava a atrair pessoas à igreja quando a pequena comunidade pedia-lhe para tocar o órgão. Seus talentos lhe permitiram entrar nas melhores escolas pretensamente artísticas. Participou de corais religiosos e descobriu os grandes nomes do jazz feminino, como Ella Fitzgerald, sem saber que um dia estaria no pódio das maiores cantoras da história. Ela gostava de Josephine Baker. Aos 17 anos, decidiu que seria artista. A bela jovem, discreta, tímida, exatamente como Ella, no começo se animava quando o assunto era música, sua paixão. Já fazia algum tempo que a jovem acompanhava alguns músicos ao piano em clubes, apesar de isso ser proibido, já que a maioridade legal era alcançada aos 21 anos. Seus pais ficaram sabendo e não apreciaram nada a liberdade da filha. O pai de Sarah bem que tentou desviá-la desse caminho – em vão. Sarah não cederia. Ela se divertia muito nesses concursos de canto, nos clubes enfumaçados do Harlem, como o Savoy Ballroom, onde os metais brilhavam. Sarah ficava até amanhecer, feliz por conversar sobre música, e detestava falar de outra coisa. Seu nome começava a circular.

Quando a ilustre Ella Fitzgerald a encontrou, abriu as portas para a jovem sem se preocupar com o fato de estar ajudando uma rival em potencial. Ella a apresentou ao maestro Earl Hines, que tinha ido ao Apollo para ouvi-la e encontrou Sarah. A performance da jovem cantora deixou-o paralisado. Havia muito tempo que ele não via um talento parecido e decidiu contratá-la imediatamente. O problema é que sua orquestra já possuía um "canarinho", Madeline Green, que sem demora foi demitida. A História esqueceu seu nome e até seu rosto de beleza clássica, suas roupas refinadas e sua aparência de cantora de época. Sarah, a felina, a selvagem, a substituiria. Assim seguia a impiedosa vida das orquestras.

Madeline Green, c. 1943.

Jazz Ladies

Billy Eckstine, c. 1945.

A orquestra de Earl Hines passou, então, a parecer mais um time dos sonhos: era formada pelo trompetista Dizzie Gillespie e pelo saxofonista Charlie Parker. Sarah não levou muito tempo para convencer os dois gênios do seu talento. Ela se sentia à vontade com todos os estilos e até tocava piano. As testemunhas diziam que o convívio era tranquilo, sem agressividade da parte dela, mas, pelo contrário, muita doçura e amizade. Ela recusava romance com quem quer que fosse – aliás, o amor não lhe interessava. Sua única preocupação era a música. Como poderia ela escapar dos sons formidáveis lançados ao seu lado por Dizzie e Charlie? "Tocar com eles formou minha educação", disse mais tarde. Evidentemente, Sarah acabou sucumbindo a um cantor romântico chamado Billy Eckstine, o sedutor dos anos 1940, mais velho que ela e cujo percurso o tinha levado à orquestra de Earl Hines. Sarah o amou por toda a vida, apesar das inúmeras separações e casamentos turbulentos de Billy, que sempre voltava para sua amada de vestido branco, aquela cujo nome já voava alto quando uma revolução musical, o be-bop, se anunciou.

Lena Horne, c. 1945.

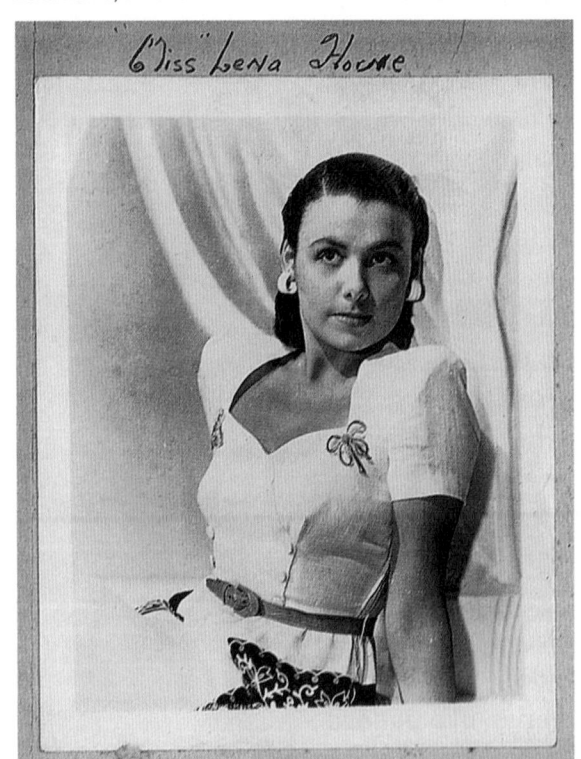

Ella viajou esperando recuperar o tempo perdido ou talvez superar suas rivais. Queria gravar, aproveitar o boicote dos estúdios organizado pela federação de músicos que reivindicavam o pagamento de direitos autorais. Esse movimento excluía os cantores, raramente considerados músicos, e, portanto, autorizados a trabalhar com toda liberdade. Mas as greves, o toque de recolher, as elevadas taxas impostas aos clubes e a escassez de energia destruíram muitas big bands. Somente a pequena cavalaria resistiria, o exército de rouxinóis como Nat King Cole, os exóticos como a mestiça mexicana Lena Horne, heroína escandalosa do filme inteiramente negro *Stormy Weather* (1945), com Fats Waller, morto alguns meses depois, ou os poderosos, como o grupo de Lionel Hampton e sua maravilha negra. O grande vibrafonista acolheu naquele ano uma voz maravilhosa. Ela cresceu sob o nome de Ruth Lee Jones, mas adotou o nome fulgurante de Dinah Washington para poupar os pais da vergonha de terem criado uma filha cantora de blues. Ela não se importava. Os coitados sempre tentaram proteger a filha, preservando-a dos desfiles assustadores da Klan em Little, sua cidade natal. Dali, emigraram para o Norte, até Chicago. Os historiadores pintaram um retrato bem feliz da futura Dinah, nascida em 24 de agosto de 1924 (mesmo ano em que Sarah nasceu) no Alabama. Eles descrevem uma infância normal, modesta. Ruth dividia a mesma cama com George, um jovem amigo da família. As mulheres cozinhavam, os homens providenciavam o sustento. Ela aprendeu a tocar piano e começou a cantar nas igrejas

* Thomas Dorsey (1899-1993), pianista, compositor, editor, considerado o pai do gospel e autor de mais de mil canções. Ele foi o maestro de Ma Rainey.

com sua mãe – fiel ardorosa que como muitos venerava Thomas Dorsey*, artista que renunciara ao blues, música do diabo, para se dedicar à música sacra.

Aos 15 anos Ruth já se destacava entre as cantoras de gospel de Chicago. Cresceu cantando embalada pela música até o dia, no fim dos anos 1930, em que ouviu Billie Holiday no rádio acompanhada pela orquestra de Count Basie. Ela cedeu à paixão. Ruth não se achava bonita e sofria com isso. Como conseguiria se aproximar da grande Holiday lá no topo? Ela teria um pouco de sorte.

Essa sorte conseguiu no meio do gospel e no ambiente próximo de Thomas Dorsey e Sally Martin, a voz religiosa das igrejas de Chicago. Sally, artista banhada de espiritualidade, não cedia nunca à pressão e lutava contra o racismo e a misoginia, mas sabia também ganhar dinheiro e descobrir talentos. Ela descobriu Ruth e montou um grupo, The Sallie Martin Singers, que foi o primeiro grupo feminino famoso no universo gospel. Ruth embarcou na aventura porque queria ficar conhecida. Entre um concerto e outro com Sally, em 1940 Ruth venceu um concurso de calouros. Ela queria se aproximar da música profana não obstante a desaprovação de sua mãe, que sofreu muito. Mas Ruth seguiu seu caminho, pronta para tudo, até mesmo se casar, já que mais tarde diria sobre o primeiro marido John Young, seis anos mais velho que ela: "Nós falávamos a mesma língua, e eu pensei que ele me ajudaria a me lançar no mundo dos espetáculos. Para mim era uma ótima oportunidade."

As núpcias aconteceram em junho de 1942. Ruth pensava que seu status de mulher casada, de senhora Young, lhe daria dignidade, honra e mudaria o olhar que a sociedade tinha dela até aquela ocasião. John, porém, sonhava com uma mulher dona de casa, enquanto a cantora pensava em ser vedete musical, esperando que seu querido maridinho se mobilizasse para permitir que ela cumprisse o que o destino lhe reservava. Tempo perdido. Ele foi chamado para a guerra como tantos outros. A guerra, é claro, era devastadora. Mergulhada na solidão, Ruth se virou sozinha e conseguiu convencer alguns donos de boates e maestros, um mundo apenas de homens. A oportunidade oferecida por Lionel Hampton foi de grande ajuda.

O relógio voltava brutalmente no tempo, em direção à década do blues clássico e da lembrança de Bessie Smith. Ruth, agora Dinah, era negra e tinha orgulho disso.

Dinah, c. 1945.

Março, 1956.

Jazz Ladies

Dinah Washington, c. 1956.

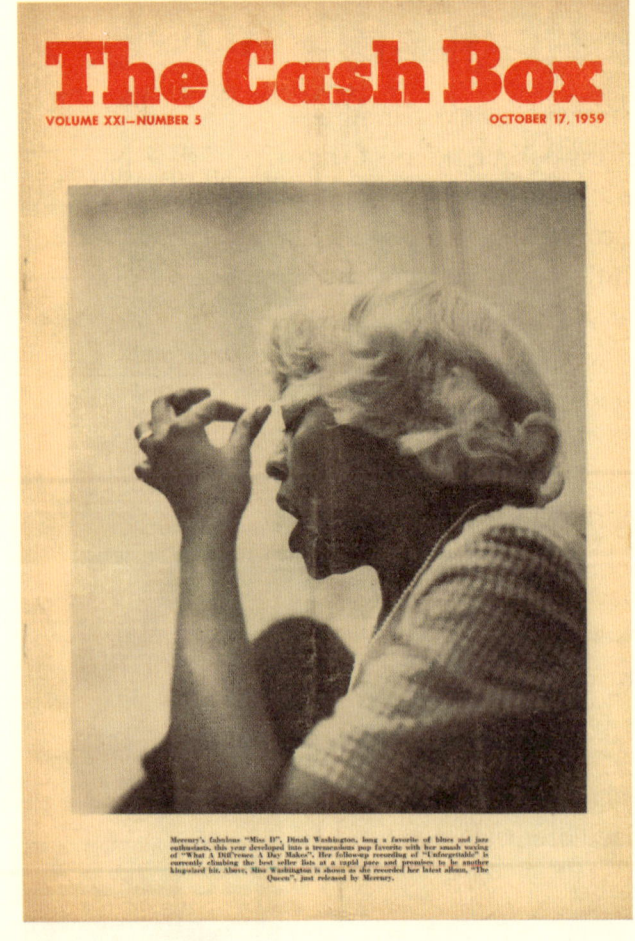

Ela gostava de Lionel Hampton e de sua mulher Gladys, que ocupava um papel essencial – encontrava os músicos, escolhias as roupas, comprava as passagens de trem e, além de tudo, cuidava do marido boêmio e safado. Dinah sentia orgulho ao lembrar-se que Billie cantara algumas vezes com Lionel.

Naquele momento, era possível sentir no ar o retorno de uma certa dureza negra. A cristalina e delicada Sarah Vaughan ouvia esses sons ao longe, sem imaginar que um dia sua voz pura cruzaria com a da "rainha do blues" Dinah Washington.

A "divina" se esforçava dia e noite para conquistar um conforto razoável. Contudo, longe de obter a fortuna esperada, dividia as mesmas incertezas que as campeãs dos cinco agitados anos: Mary Lou, Billie, Anita e Ella. Os contratos se tornavam raros e as turnês levavam as cantoras cada vez mais longe. Sarah e Ella foram para o Sul racista mais ou menos na mesma época e conheceram os mesmos tormentos que outras cantoras negras que as precederam. No entanto, ao contrário de Sarah, sempre preocupada com a música e indiferente ao engajamento político, Ella decidiu ir para o front, visitar o regimento para animar os soldados cantando "A-Tisket, A-Tasket". O preço da glória. Sarah crescia, as Andrews Sisters cantavam o patriotismo no rádio, Ella devolvia ao povo o que ele lhe dera. Os trajetos longos de ônibus por estradas esburacadas a cansavam, mas também ajudaram a torná-la conhecida, convidada por bases e rádios militares. O produtor John Hammond trabalhava a serviço do exército, procurando novos talentos para animar a tropa. Encontrou uma Ella exausta e almoçou com ela num hotelzinho miserável reservado aos negros, como contaria mais tarde em sua autobiografia *On Record*. Será que ela tinha que renunciar? Jamais. Um dia a sociedade mudaria.

"Nós queremos ser tratadas como musicistas"

Janeiro, 1955.

Dinah Washington, c. 1954.

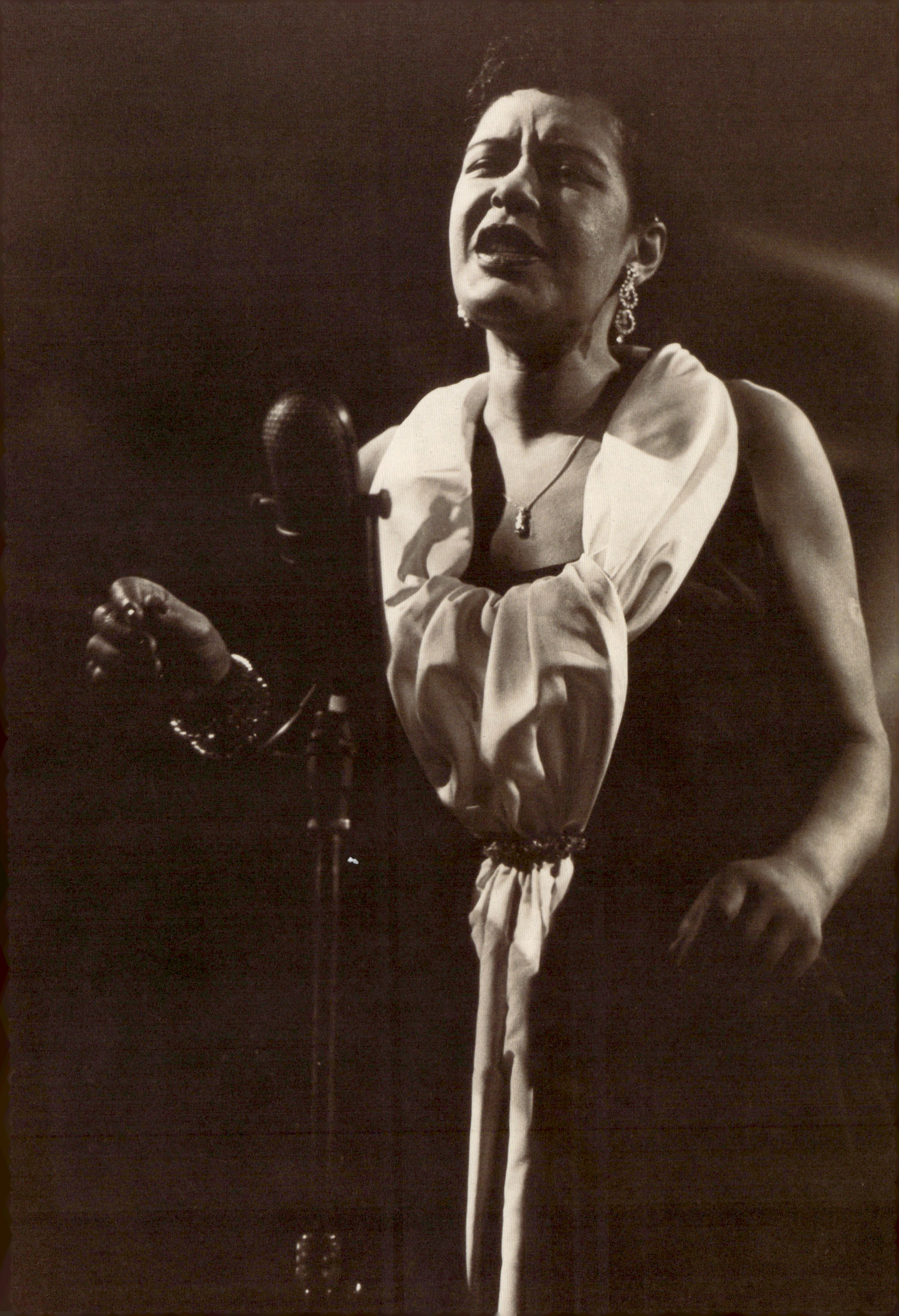

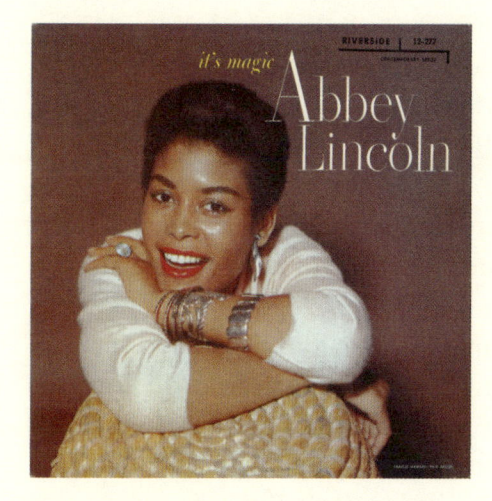

As mulheres provam, enfim, do prazer e da revolta

A libertação: as mulheres fazem também a revolução do be-bop

Mary Lou Williams descobriu as virtudes do be-bop durante a guerra, no clube Minton's Playhouse, em Nova York, frequentado por uma geração de músicos surpreendentes. Ela sempre perambulou pelos subsolos e cabarés à procura de encontros artísticos. O Minton's, com teto rebaixado, estreito e sombrio, parecia adentrar pela noite. Cartazes expandiam suas cores barrocas nos muros encarvoados. Em torno do pequeno palco, o público se espremia para se deliciar com um excelente pianista, Thelonious Monk, cujo modo de tocar caótico com interrupções fascinava. Ele tocava sempre sozinho, já que os outros músicos não conseguiam acompanhar seus acordes complicados. Mary Lou não se cansava de ouvi-lo, um pouco relaxada pelo swing, aquele da guerra, dos grupos de soldados desse distante período dos anos 1930 do qual a jovem musicista havia participado.

Dizzie Gillespie, c. 1950.

Suas núpcias com a revolução aconteceram no final do ano de 1942. A grande pianista cantora deixou a orquestra de Andy Kirk em busca de novas aventuras. Outras vozes, maravilhosas também, procuravam a mesma coisa, entre as quais Sarah, a jovem que entrou no apartamento de Mary Lou e que também via no be-bop um lindo campo de experiências, sempre pronta a acompanhar a revolução. A "Divina" não esquecia seus primeiros passos ao lado de Dizzy e Parker, e essas parcerias estimularam-na a desenvolver suas aptidões, a inventar uma nova maneira de cantar. Naquela época, ela tentava imitar a sonoridade do instrumento, produzir um scat musical em cima do improviso, um certo virtuosismo, um *nonsense* da palavra. Com Eckstine, Sarah mudava os acordes e desconcertava os críticos. Em entrevista à revista *Players* em 1977, Billy diria: "Os jornalistas pensavam que o jazz acabaria com o blues, enquanto nós pensávamos o contrário – que ele começava com o blues."

◁ Billie Holiday. c. 1954.

Jazz Ladies

Sarah Vaughan, c. 1950.

Janeiro, 1949.

A paz restaurada liberou a América de sua levitação. Sarah Vaughan saía desse período mais forte do que nunca. Num dia de dezembro de 1944, ela gravou seu primeiro disco, *I'll Wait And Pray*, e no ano seguinte, *Lover Man*, acompanhada por Parker e Dizzy. Desde então ela levava aos clubes de Nova York os maiores músicos da nova revolução bop. Sarah não deu as costas ao jazz clássico representado por Duke Ellington, e juntou-se à formidável grande orquestra em 1949. Em 1951, apareceu no maior cartaz do Carnegie Hall, com Count Basie, Charlie Parker e Billie Holiday. Os expectadores começaram então a pensar que ela era a cantora mais ilustre que surgira depois de Billie.

Uma grande artista aparentemente realizada: sempre ligada a Eckstine, casou-se com o trompetista George Treadwell, uma união perfeita perturbada apenas pela infertilidade de Sarah, que sufocava as angústias na música. Os críticos e memorialistas do jazz desvendavam os mistérios de Sarah Vaughan, a pura, suas dúvidas de mulher e negra, o racismo que tantas vezes atravancou seu caminho; mas se a mais jovem das cantoras era acompanhada por grupos cujos músicos negros eram escorraçados dos hotéis, nenhum segregacionista ousava atacar Sarah, intocável porque atingira o status de estrela, e podia entrar nos lugares reservados aos brancos.

Nos tempos do jazz moderno, do be-bop, os cantores de pele escura, ou pelos menos os mais ilustres, escapavam da "triagem"... Nem Bessie Smith, nem Billie Holiday conheceram os favores dispensados a Sarah. E esses favores a "divina" obtinha ao levar uma carreira estratégica, talvez até demais. A "grande profetisa do jazz" cantava be-bop nos clubes, mas afastava-se dele assim que entrava nos estúdios para gravar. Mais romântica: "As You Desire Me", "While You Are Gone", em 1949, "Pennies From Heaven", "Lullaby Of Birdland", "Embraceable You" em 1953-1954... Ela enfrentava a ascensão de Dinah Washington. Desde que saiu da orquestra de Hampton, a blueswoman acumulou sucessos: "Baby Get Lost" (1949), "Trouble In Mind" (1952)... Ela e Sarah foram contratadas pelo selo EmArcy. Dinah pediu para ter arranjos diferentes da rival que admirava.

A década de 1950 anunciava-se promissora, e a "divina" estava pronta. Um profundo sentimento de liberdade enchia o país, as mulheres trabalhavam com competência, mas o macho dominante não reconhecia sua independência. A imagem de Doris Day, cantora dona de casa, servia de exemplo como mãe de família honesta, bem branca, bem limpa e consciente de seu papel. Em 1954, em *The Glenn Miller Story*, de Anthony Mann, June Allyson interpretava o papel de esposa do grande maestro pronta para todos os sacrifícios, a infinita paciência à sombra do grande homem. Os mesmos modelos de antes da guerra governavam novamente a sociedade americana.

As cantoras e as mulheres ocupavam a ribalta, mas à custa de muitos perigos para sua saúde física e mental. Também atuavam como mecenas. A famosa baronesa Pannonica de Koenigswarter, protetora dos jazzmen americanos, filha de banqueiro, casada com um ex-piloto francês e ainda por cima barão, parava sua magnífica Bentley em frente aos clubes de jazz em busca de um novo músico para acolher e proteger. Ela tinha deixado suas imensas malas no luxuoso hotel Stanhope, em Nova York, onde mantinha péssimas relações com a gerência, sem dúvida pelo fato de receber muitos negros, mas também porque as farras e a bagunça nos corredores atrapalhavam o sono dos honestos cidadãos. Quantos músicos vinham descansar em seus aposentos? O grande Charlie Parker, desgastado, doente, sem saber para onde ir, morreu na suíte da baronesa assistindo a um programa idiota na televisão. Os proprietários do Stanhope a expulsaram logo depois. Pannonica fez amizade com Thelonious Monk, que a apresentou a Mary Lou. Recluso e incapaz de tocar, o grande pianista passaria os três últimos anos de sua vida na casa da baronesa.

Doris Day, c. 1952.

Os jazzmen pareciam finalmente ter encontrado abrigo, e as belas magníficas triunfavam. Dinah Washington desabrochou feliz, elegante e com personalidade. Ela simbolizava o Technicolor, o desenvolvimento da televisão, e se apresentou às 23h30 do dia 15 de fevereiro de 1955 no *Tonight Show*, da NBC. Sarah e Ella também participavam sempre do programa. O público descobriu uma diva. Dinah colecionava casamentos – sete maridos já haviam passado por sua "antessala" – e os telespectadores experimentavam uma obra cada dia mais importante. O dinheiro jorrava aos borbotões, ela circulava em lindos carros e colecionava vestidos de princesa como Mamie Smith fizera 30 anos antes.

Imitando a ilustre antecessora, Dinah impunha seu temperamento forte, sua fúria. A caravana de turnê abastecida com 50 vestidos e 60 pares de sapatos parecia uma butique iluminada e sedosa. O sucesso de "I Wanna Be Loved" (1962) seduziu o público do rhythm'n'blues, convencendo a gravadora Mercury de que ela deveria gravar canções pop e country, como a regravação de "Cold, Cold Heart", de Hank Williams. Dinah conseguiu cumprir a missão na qual Billie havia falhado: conquistar o público branco do Sul. Ela seguia as exigências, feliz em conquistar fortuna e consideração, mas sempre que tinha uma oportunidade se esforçava para retornar ao jazz e tentava escolher seus próprios músicos. Novos arranjadores, jovens e capazes, começaram a trabalhar com ela, entre os quais Quincy Jones. Na aurora do rock'n'roll, Dinah expandia seu esplêndido calor. O jazz vocal feminino entrava numa bela era.

As mulheres do cinema! Os anos 1950 espalhavam encanto depois do fim da guerra graças ao *boom* econômico. As cantoras brancas conseguiam enfim sair do domínio misógino e começavam a rir. As negras percebiam uma melhora em suas condições de vida e lutavam para destruir as leis Jim Crow. Sarah Vaughan, a pequena Sassy, triunfava sem tragédias. Ella Fitzgerald, transformada em uma artista opulenta e bem cuidada, não parava de desfilar sua silhueta decidida e seu talento universal. O jazz vivia sua era de ouro. Os privilegiados usufruíam desse filão e da evolução das mentalidades e do olhar que a sociedade lançava sobre as mulheres.

O desenvolvimento da televisão era útil, mas ameaçava os avanços feministas. O novo império Moloch começou a devorar beleza e ícones como a bela cantora Julie London (1926-2000).

Em 1955, o sucesso de sua música "Cry Me A River", composta por Arthur Hamilton, imortalizou-a na vitrine. O mundo se apaixonou por aquela beleza misteriosa que o cinema e as câmeras consumiam. Ela nasceu em 26 de setembro em Santa Rosa, Califórnia, com o nome de Julie Peck. Seus pais, Jack e Josephine Peck, formavam uma dupla de dançarinos e cantores. Aos 14 anos, ela emigrou para Los Angeles, onde trabalhou pela primeira vez como atriz em *A casa vermelha* ao lado de Edward G. Robinson (1947), em *Força tarefa* com Gary Cooper (1949) e em *O Gordo* com Rock Hudson (1951). Um verdadeiro esplendor essa Julie, casada duas vezes com Jack Webb, e depois com Bobby Troup, o compositor imortal de "Route 66". Por fim, iniciou-se na música, e nisso também era excelente. A revista *Billboard* a elegeu a "melhor voz feminina" de 1955 a 1957. A concorrência das atrizes – cantoras loiras, sublimadas pelo Cinemascope e pela televisão – ofendia as estrelas do jazz clássico. Julie London interpretou "My Heart Belongs To Daddy", canção de Cole Porter, como outra jovem com os cabelos platinados de mesma idade, Marilyn Monroe (1926-1962), que fazia um grande sucesso com *Rio sem regresso* (1954) e *O pecado mora ao lado,* e que cantava também. Por sorte, Marilyn, a estrela, adorava jazz e fez uma proposta aos donos do Mocambo, em Hollywood, que se recusavam a receber a negra Ella Fitzgerald: "Se vocês a fizerem cantar na casa, reservarei uma mesa durante várias semanas todas as noites." Ela foi convidada e Marilyn manteve a promessa.

O sucesso de "Cry Me A River" impulsionou as baladas. Julie London não era realmente uma cantora de jazz, mas guitarristas como Barney Kessel adoravam acompanhá-la. Sarah Vaughan entendeu a mensagem. Em 1958, a "divina" gravou o romântico *Broken Hearted Melody,* primeiro de seus discos a ocupar o topo das paradas e que vendeu milhões de cópias. Esses sucessos expuseram as cantoras a críticas: os jornais recriminavam-nas por se afastarem do jazz e sacrificarem o swing e a cor negra aos romances populares, ao comercial, de imitarem uma certa Dinah Shore, "rainha melosa", ou melhor ainda, Julie London. Billie Holiday conseguiu associar doçura e tristeza ao sentimento sem se perder. A bela intérprete de "Strange Fruit" nunca teve a chance de brilhar no cinema, sempre indicada para papéis de empregada, e não se vendeu à imagem.

Em 15 de julho de 1959, Billie morreu de disfunção cardíaca, debilitada pelo álcool e pelas drogas consumidos durante seus anos de música e lutas incessantes. Passou o último ano de sua vida só em seu apartamento em Nova York, no número 26 da West 87th Street, próximo ao Central Park. Ela recebia em sua casa a nova geração de cantores, o trio vocal de John Hendricks, Annie Ross e Dave Lambert, admiradores de "Lady Day". "Billie sentava-se em seu sofá noite após noite assistindo à televisão e fumando um baseado", disse Annie Ross. "Ela cochilava e acordava sobressaltada. Eis aí como ela passava suas noites. Ela gostava do nosso trio, e quando a visitávamos colocava um de nossos 45 rotações no toca-discos ou então sua própria música. Eu nunca a vi escutar outra coisa..."

O trio Hendricks-Ross-Lambert trazia uma resposta humorística e nova à correnteza que ameaçava enfraquecer o jazz em sua perfeição e pureza. Como Julie e Marilyn, Annie Ross, quatro anos mais jovem, também foi uma criança do cinema. Ela nasceu na Inglaterra com o nome de Annabelle Short na florida região de Surrey em 1930. Em 1933 seus pais, escoceses e artistas de music-hall, levaram-na para os Estados Unidos. Annie viveu alguns anos no Norte, perto da fronteira canadense, até ser mandada para Los Angeles, para a casa de sua tia Ella Logan, na época grande estrela da Broadway. Essa mudança foi crucial em sua vida, pois foi a tia quem a iniciou no jazz, comprando-lhe entre outras a gravação de Ella Fitzgerald de "A-Tisket, A-Tasket".

Jazz Ladies

Johnny Mercer

Em sua maioria profissionais do vaudeville, os membros da família ensaiavam números de sapateado e canto. Ella Logan apresentou Annie ao show business, e aos cinco anos a menina começou sua carreira na tela, e tinha talento, já que venceu um concurso radiofônico organizado pelo maestro Paul Whiteman. Ela conseguiu um contrato de seis meses com a MGM e em 1935 foi selecionada para participar de um episódio da série *Our Gang*. Mais tarde, aos 12 anos, interpretou a irmã de Judy Garland em *Apresentando Lily Mars* (1943), um filme de Norman Taurog. Ela já estava compondo canções como "Let's Fly", que ganhou o primeiro prêmio na escola sob os olhos de dois jurados muito atentos, Johnny Mercer e Dinah Shore. Essa balada seduziria muita gente, inclusive o dançarino Gene Kelly.

Mas Annie Ross jamais escolheria o caminho que traçaram para ela. Uma carreira no cinema? Ela não estava interessada e preferiu fugir para Paris para ficar ao lado dos grandes jazzmen americanos Coleman Hawkins e Lionel Hampton. Os músicos negros acolheram essa estranha e inventiva branca inglesa com sotaque esquisito que bebia muito e aproveitava a vida. Depois, seguiu para a África do Norte, viajante incansável, apaixonada por novos encontros: Kenny Clarke, por exemplo, com quem teve um filho ainda muito jovem. Ela convidou Charlie Parker para ser o padrinho antes de voltar a Nova York e trilhar seu caminho brilhante, e cruzar com aquela que venerava: Billie Holiday. Annie nem desconfiava que o primeiro encontro entre as duas seria imaginário, pois substituiu Lady Day, que estava indisposta, no Apollo – um presente de grego, visto que a grande cantora, amada e adulada por um público apaixonado, continuava intocável. Mas ela conseguiu seduzir o auditório.

Coleman Hawkins e Kenny Clarke, 1949.

Sempre em busca de novas experiências, Annie Ross fez amizade com dois rapazes, um ex-carpinteiro, o cantor Dave Lambert, e um contador, o baterista Jon Hendricks, que a tinham ouvido na canção "Twisted" (1952) e ficado surpresos com a agilidade vocal dela, sua facilidade para combinar palavras com um humor e uma ironia que eram novidade naquela época. Eles lhe apresentaram um projeto: gravar um disco em homenagem ao jazz. Annie cantaria, mas em vez de seguir o estilo clássico, estudaria um modo mais sutil e original de colocar as palavras, de fundi-las ao grupo. Ninguém jamais havia utilizado a voz como um instrumento por si só. A ideia se revelou genial e complexa. Dois cantores se encontram, lançam palavras diferentes a um milímetro de diferença cada um, e seguem um caminho montanhoso. "Aquilo exigia uma enorme concentração", confessou Annie.

AS MULHERES PROVAM, ENFIM, DO PRAZER E DA REVOLTA

Lambert, Hendricks e Ross e Horace Silver.

O trio Lambert, Hendricks e Ross adaptou o repertório de Count Basie, *Sing A Song Of Basie* (1957) e ganhou consagração internacional. Em seguida, os três amigos trabalharam na obra de Horace Silver, *Come On Home*, e depois na de Duke Ellington, *Cotton Tail*. O sucesso condenou o trio a viajar, viajar e viajar. Submetida a uma concentração máxima, após cinco anos num ritmo louco nos maiores clubes e teatros (como o *Birdland*, por exemplo), Annie adoeceu. "Fazer carreira como cantora de jazz na América é o que há de mais terrivelmente destruidor", ela se queixaria à *Melody Maker*. "Você não tem nem um segundo para dormir ou comer corretamente."

Cansada dos concertos, da estrada, ela sequer via as horas, e seu corpo acabou completamente esgotado. Os médicos a preveniram e aconselharam repouso total. Convidaram-na a passar uma temporada em uma clínica. Finalmente, Annie resolveu escutá-los e abandonou o trio no início dos anos 1960, após a morte de Billie Holiday, o que partiu seu coração. Será que ela deveria renunciar? Conversou longamente com os parceiros Hendricks e Lambert e prometeu-lhes retornar ao grupo assim que sua alma estivesse limpa. Mas ela não voltou. Seus amigos a substituíram por uma desconhecida, Yolande Bavan, que também despareceu após dois anos de trabalho. O famoso trio não existia mais.

Mimi Perrin e Pierre Cullaz, 1955.

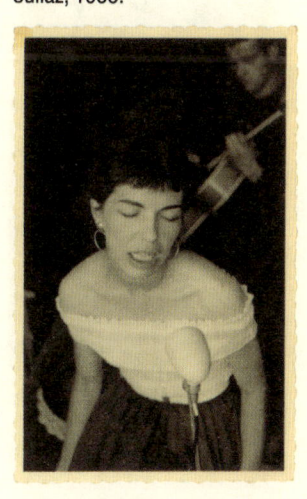

Annie não renunciou à arte, continuou em carreira solo e abriu um clube de jazz em Londres, o Annie's Room, em Covent Garden. Voltou ao cinema, ao teatro. Ela sacudiu a longa história do vocal de jazz, suscitou desejos em todos os cantos do mundo, inspirando uma jovem francesa que até então levava uma existência incerta. Mimi Perrin poderia ser professora de inglês, mas esse caminho a aborrecia. Somente a música a tentava.

Ela começou cedo. O pai, que era contador e músico, encorajava a filha a cantar e tocar, descobrindo nela diversos dons. Ele lhe deu um pequeno piano quando ela fez três anos de idade. Somente a mãe, diretora de escola, parecia descontente. Ela não queria que sua filha estudasse no conservatório, esperando um destino

Jazz Ladies

Mimi Perrin, c. 1959.

mais certo para ela, o de professora. Por que Mimi não poderia ensinar francês, latim e grego? Como já dito, a jovem rebelde se recusava: "Minha mãe pensava que os músicos, mesmo os clássicos, eram saltimbancos. Não era uma profissão naquele tempo..." Apesar de tudo, ela obedeceu e estudou inglês, entrando para o ensino aos 20 anos de idade e passando dois longos anos na profissão. Contudo, durante a infância e juventude, continuou estudando música graças a professores particulares que vinham à sua casa. Mimi ouvia muito os compositores clássicos e aperfeiçoava sua técnica. Que prazer cada vez que tocava! Depois, descobriu uma música que chegou logo depois da guerra, os V-Discs americanos. Ouviu Glen, Miller, o maestro em uniforme com som caloroso e popular, o fabuloso pianista Art Tatum... Ela tentava encontrar um pouco de prazer após cinco dolorosos anos de ocupação. Mas a desnutrição incutiu-lhe o "mal", e Mimi, ao descobrir a tuberculose, interrompeu todas as atividades para se tratar. Em 1947, internou-se num hospital em Paris, depois foi para as montanhas. Na mesma época, a mãe faleceu. Mimi sofreu muito. Os anos que se seguiram não foram os melhores, mas a jovem se esforçou para virá-los a seu favor – e conseguiu, graças a uma enorme determinação e também a um golpe de sorte: durante uma festa organizada por HEC*, ela conheceu um jovem engenheiro, brilhante guitarrista, com quem se casaria. Os dois apaixonados não se largaram mais e conheceram os belos anos parisienses daquele início da década de 1950. Eles frequentavam os clubes de Saint-German até amanhecer e acabavam acompanhando os músicos que passavam por lá, ela ao piano e ele na guitarra. Alguns artistas – os pianistas René Urtreger e Martial Solal – os ajudavam. Mimi ganhou um prêmio em um concurso de calouros ao piano. Essa recompensa lhe propiciou o acesso ao círculo dos músicos e lhe permitiu tocar com mais frequência no Blue Note. Ela cantava tão bem que os músicos a aclamavam e estavam sempre à sua volta. Entre eles, um jovem guitarrista de jazz, Sacha Distel, aconselhou-a a juntar-se ao grupo vocal Blue Stars, fundado por Blossom Dearie, pianista americana nascida em 1926, em Nova York.

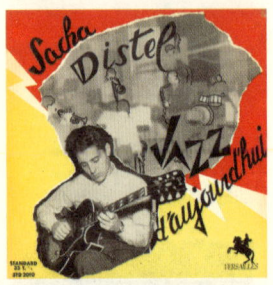

Como esquecer Blossom, misteriosa artista ao mesmo tempo próxima e distante, influenciada pelas big bands, de Sinatra a Bing Crosby, e que entrou para o círculo graças a Dave Lambert, do futuro e famosíssimo trio Lambert, Hendricks e Ross? Sua carreira deslanchou sob o signo do "azul", os Blue Flames, de Woody Herman, e depois os Blue Rays. Ela cantava, tocava piano e fez amizade com Annie Ross, que veio encontrá-la em Paris em 1952, atendendo ao chamado de Nicole Barclay. Desde a mudança para a França, Blossom fervilhava, as ideias eram férteis. Ela criou o Blue Stars de Paris, grupo vocal – um dos primeiros do gênero – composto por quatro homens e quatro mulheres, o buquê do novo jazz francês. "As Estrelas

---

* N. da T.: HEC – Escola de Negócios Internacional de Paris.

As mulheres provam, enfim, do prazer e da revolta

azuis" revelaram a cantora Christiane Legrand e as composições de um homem cujas canções leves, jazzy, seriam em breve coroadas por um artista de cinema: seu irmão Michel Legrand. Blossom abandonou o grupo no momento em que Mimi Perrin despontava para se entregar a uma música mais pessoal, como a de Miles Davis. Mas os laços não foram cortados: Blossom Dearie tocaria no Annie's Room, o clube de Annie Ross.

Mimi entrou, assim, para os Blue Stars quase em segredo depois de Blossom. Uma das cantoras anunciou sua saída do grupo. Mimi pegou o telefone e conseguiu o lugar depois de um teste. "Aconteceu muito rápido", disse ela sorrindo. Blossom Dearie cedeu seu lugar a Jean Mercadier. Mimi trabalhou durante alguns anos ganhando mais um dinheirinho com as "sessões de fundo" no estúdio, coros que acompanhavam cantores conhecidos como Henri Salvador, seu preferido. De tanto trabalhar nisso acabou renunciando aos Blue Stars, preferindo circular no meio dessa estranha e brilhante fauna musical, com talentos capazes de decifrar as notas. Seu horizonte se alargou quando ela ouviu o trio Lambert, Hendricks e Ross. "Eu disse a mim mesma: 'Tem que cantar como eles, orquestrar as palavras de modo instrumental, mas em francês.' É claro que era difícil. Transformar em nossa língua as orquestrações swing não era fácil! E depois, me faltavam os sons e a textura."

Mimi Perrin, c. 1959.

Ela possuía uma carta na manga: o material técnico e humano dos estúdios que utilizava, cuja qualidade extraordinária serviria para sua ambição. Ela trabalhava para Eddie Barclay e encontrava alquimistas maravilhosos, como o gênio contratado pelo estúdio, o arranjador e maestro Quincy Jones, que encantava os discos desse delicioso período francês. "Ele me conhecia bem, sobretudo por minhas qualidades de canto e meu trabalho. Eu lhe falei da vontade de gravar um disco no estilo Lambert, Hendricks e Ross. 'Você tem alguma ideia?'" Ele sorriu e prometeu a Mimi lhe preparar alguns arranjos. "O maná celeste", diz ela hoje. Passado o momento de euforia, ela logo entendeu as dificuldades de tal tarefa: dar som às palavras como se fossem instrumentos, dar os mesmos sons, as mesmas articulações. Esse trabalho tinha sido mais simples para Jon Hendricks, que modelava uma língua, o inglês, com termos monossilábicos e um acento tônico forte. O francês possui acentos tônicos menos marcados e palavras muito longas. "Eu remanejei, condensando um pouco essa língua francesa que, por sinal, eu adoro. Marquei as sílabas e coloquei o acento tônico onde não existia, como em 'Tiens, Prends Ton Baryton'*. Eu acentuo o 'ry'... Passei algumas noites em claro. O trabalho foi muito cansativo." Mas ela conseguiu, e ao seu redor formou-se naturalmente uma tropa, entre os quais Christiane Legrand. Essa bela voz, acostumada também às "sessões de fundo", aderiu com prazer às visões de

Eddie Barclay

Quincy Jones

---
* Tome, pegue o seu barítono.

Jazz Ladies

Mimi. Louis Aldebert, que animava os clubes de jazz, também estava entre os cantores interessados pelo novo projeto, uma armada logo batizada de Double Six, pois Mimi estava decidida a criar um verdadeiro grupo vocal, maior do que o de Annie Ross, seu modelo. Mas um trabalho difícil esperava a equipe. Quincy Jones convidou Mimi e os outros cantores para ensaiarem em seu salão: um treinamento rigoroso, intenso.

O primeiro disco saiu em 1959, o segundo em 1961, dedicado ao repertório de Count Basie. O sucesso levou o jovem grupo francês muito além do que podiam esperar. Os Double Six receberam inúmeras recompensas, entre as quais o prêmio *Down Beat*, que lhes foi concedido duas vezes em 1965 e 1966, feito raramente alcançado por um grupo francês!

Mimi Perrin tornou-se essa mulher eterna da qual é impossível adivinhar a idade, essas 80 primaveras que ela assume com graça e doçura. Ela viveu os últimos anos de vida em seu silencioso apartamento parisiense cercada de recompensas penduradas nas paredes, como a atriz do cinema mudo Gloria Swanson, com a diferença de que ninguém esqueceu o Double Six e sua cantora-compositora rodopiante. Por mais de 30 anos, traduziu livros com a filha Isabelle, consumando uma paixão ardente pela língua inglesa e a musicalidade das palavras. Desse modo, fez os franceses conhecerem a obra de John le Carré, um romance de Stephen King (*Jessie*) e muitos outros textos americanos. Mas o que ela ama acima de tudo é relembrar seus poucos anos fugazes passados na música, uma vida consumida a todo vapor e que acabou brutalmente.

Quem nasceu nos anos 1960 ou depois ignora como Mimi Perrin foi conhecida, apreciada e admirada. Se os franceses elogiam a lenda, esquecem o grande sucesso que ela e seu grupo obtiveram durante essa década de ouro do lado de cá do Atlântico, mas também lá na América, no berço do jazz, onde seus compatriotas foram raramente consagrados. Em 1963, a divina Sarah Vaughan declarou sua paixão pelo Double Six nas colunas da *Melody Maker*: "Eles são incrivelmente loucos. Garanto que eu seria incapaz de cantar com eles se fizesse parte do grupo. Eles deveriam ir para os Estados Unidos para serem verdadeiramente reconhecidos. Estou certa de que serão." Previsão acertada. Sarah acompanhou o salto e a generosidade de Mimi. Poucos grupos anglofônicos renderam ao jazz uma homenagem tão vibrante e lírica.

Mas a aventura terminou brutalmente. Mimi, doente, se deu conta de que não podia mais cantar e que devia renunciar a esse prazer após tantos momentos maravilhosos. Ela possuía um infeliz aspecto em comum com seu ídolo, Annie Ross, a voz magnífica do trio Lambert, Hendricks e Ross, que também sofreu fisicamente, mas por outras razões, e foi obrigada a deixar seus amigos no início dos anos 1960.

Prêmio *Down Beat*: os Double Six.

O infortúnio dessas duas cantoras maravilhosas, líderes de dois grandes grupos vocais de jazz do pós-guerra, mostra que debaixo do prazer feminino, da felicidade aparente, jaz uma verdadeira fragilidade. Quando Annie Ross retirou-se do trio estava sofrendo de depressão. A cantora deu muito de si para resistir. Agora, a clínica a esperava, e ela passaria por lá algumas vezes. Mas ainda vivia quando a geração dos anos 1960 começou a balançar a sociedade americana.

Durante os anos 1950, o povo americano viveu numa certa despreocupação. O modelo liberal parecia tão sólido quanto arrogante, na escala das carrocerias cromadas de "belezas americanas", que faziam sonhar os adolescentes europeus. O país pensou em exportar seu modo de vida através da guerra na Coreia contra o eterno inimigo comunista. No entanto, algumas rachaduras resistentes floresciam lá e cá, de um lado a outro do país. Algumas vozes criticavam essa guerra inútil. Os cidadãos sofriam com a segregação, o macarthismo e a paranoia. Afinal, o sistema americano era realmente tão bom, um sistema que depois de mais de um século ainda conservava o racismo e as desigualdades? Até as altas esferas começaram a banir as ideias do século XIX. Em 16 de novembro de 1956, a Corte Suprema condenou o apartheid nos ônibus, abrindo uma brecha pela qual se enfiaram os novos políticos negros que surgiram durante aqueles anos: o magnífico Martin Luther King, de quem o país já falava muito, e o futuro Malcolm X. Os negros redescobriram seu orgulho e embarcavam nesse impulso ofensivo contra um sistema doentio que os havia excluído. Eles se apoiavam na literatura, na sua música, um jazz agora mais agressivo, no be-bop ("no be-bop ou no barulho do cassetete cada vez que um policial batia na cabeça de um negro", escreveu o poeta negro Langston Hughes), em Monk, Bud Powell, Charlie Parker, aficionado da noite americana e das orgias musicais.

Cash Box, 1968.

Essa geração agitava a sociedade no momento em que as antigas vozes se apagavam. "Eu me lembro quando Billie morreu em julho de 1959...", escreveu Miles Davis, que não a conhecia muito bem. Ele viu seu lindo rosto destruído pela droga.

Miles Davis

Pouco antes de morrer, ela lhe pediu dinheiro para comprar sua dose. Seu marido, na época também viciado em ópio, deixava-lhe na abstinência para controlá-la melhor. Ela ainda sonhava com sexo. "Ela me confessou que gostava de homens fisicamente parecidos com Roy Campanella, o defensor dos Brooklyn Dodgers, dizia que esse tipo de homem devia ter o impulso sexual de que ela gostava quando fazia amor. Ela adorava suas coxas grossas, largas e curtas, sua bunda baixa, parecido com um bisão. Pelo que me disse, Billie gostava muito da coisa, quando o álcool ou as drogas não cortavam seu tesão."

Jazz Ladies

Sua imagem de então – oca, sombra de uma voz à beira do descarrilamento – iria gerar uma dor eterna nos aficionados da grande cantora, que morreu tão cedo, aos 44 anos. Mas ela tinha deixado um legado que parecia ligado às novas gerações, que veio com a consciência da Guerra Fria, a energia nuclear, este apartheid racial cujos fundamentos vacilavam e aguardavam o golpe de misericórdia.

Uma jovem, Anna Maria Wooldridge, futura Abbey Lincoln, inspirou-se na experiência de Lady Day juntando informações de sua época e de seu meio. Ela adorava Billie e tinha prazer em dizer: "Não há maior cantor que a mulher, porque ela fica na frente dos homens." Nascida em Chicago em 1930, Anna Maria tinha nove anos na época de "Strange Fruit". Mais tarde, teria orgulho de pertencer à raça feminina e de ser a sucessora de Billie, que comparava a uma bela rainha sem rei nem corte. Ela sabia que a ilustre cantora sempre atraía homens violentos. Mas a vida mudava.

Abbey Lincoln em *Sabes o que quero*.

Abbey teve uma infância tranquila apesar do divórcio dos pais. Ela não cederia à violência – pelo contrário, combateria esse mal. Jamais foi à universidade, preferindo a música, mas as lições de piano também não a interessavam.

As novas artistas não repetiriam os erros de suas antecessoras. Abbey, feliz, tinha prazer em mostrar sua pele negra na capa da revista *Ebony* em 1956. Não tinha vergonha de aparecer como uma bela mulher de cor, desejável. Ela tinha consciência de sua posição política, de suas raízes africanas, marcadas pelo misticismo. Várias forças – o sopro do mundo moderno, do progressismo, do movimento negro – a alcançavam e se apossavam dela. Contratada pelo Caesar's Palace, em Las Vegas, foi expulsa por ter cantado "Africa", de John Coltrane, à qual acrescentou palavras. Mas ela não desanimou. A futura Abbey procurou o Moulin-Rouge com o nome de Gaby Lee antes de conseguir um papel no filme *Sabes o que quero* (1956), de Frank Tashlin, com Julie London e uma bela lista de pioneiros do rock'n'roll. Abbey, a independente, aproveitou-se do pequeno conforto financeiro que o filme lhe deu para se instalar em Nova York com um homem que encontrou e por quem se apaixonou, o baterista Max Roach. Os dois amantes entraram para o meio nova-iorquino progressista, no qual ela encontrou músicos inovadores e escritores ligados ao orgulho negro, reivindicando suas raízes africanas como Maya Angelou.

Abbey chamava a atenção. Ela exprimia sua personalidade, deixava seus cabelos negros naturais, curtos e crespos, sem alisá-los, para contrariar as jovens envergonhadas de suas origens. Um dia Max Roach lhe perguntou: "Você quer fazer um disco de jazz?" Ela ficou surpresa. "Mas eu não sou cantora de jazz!" "Você é negra, não é?". Ele levou-a à gravadora Riverside e apresentou-a a grandes nomes, como o saxofonista Sonny Rollins e o trompetista Kenny Dorham (1924-1972). Dessa colaboração nasceu uma primeira faísca em forma de protesto *We Insist! Freedom Now Suite* (1960). Abbey, apesar de adorar seu marido, mostrou-se descontente com uma canção composta por Max Roach. Ela não escreveu nada, e contentou-se por emprestar sua voz a um disco histórico, mas "uma mulher que grita incomoda as pessoas e as deixa pouco à vontade", confessou ela. Então era isso! Gritar não lhe agradava e ela guardaria más recordações por toda a vida. Durante um concerto dado para a NAACP (National Association for the Advancement of Colored People), movimento progressista negro fundado em 1910, ela subiu ao palco e começou a gritar seu "Freedom Suite" tão forte que os guardas apareceram. Max Roach batia em sua mulher? Mas nada separaria o casal. Seus gritos significavam simplesmente a libertação negra. Poucas cantoras de jazz tinham gritado até agora. Elas "miavam", ironizavam, mas gritos jamais! Concordando politicamente com Roach, Abbey sentiu-se, apesar de tudo, usada pelo marido. Ela conseguiria transmitir sua mensagem por outros meios que não o grito, mas não esqueceria seu sofrimento, pois o público branco vinha ver a "negrinha" berrar.

Quando John Kennedy chegou ao poder em 1961, Abbey e Max Roach esperavam uma revolução. Os autores de "We Insist!" (mais tarde Michel Portal retomaria esse título para homenagear a música negra de Minneapolis) se transformaram nas vozes do jovem Movimento dos Direitos Civis que despertava na época. A década seguinte, com sua juventude explosiva, anunciava-se maravilhosa. O triste senador McCarthy e sua "caça às bruxas" sobreviveram. A sociedade mudava com uma rapidez espantosa.

Abbey Lincoln, 1956.

A comunidade acreditava em John Kennedy, liberal convicto que desejava diminuir as desigualdades sociais, as diferenças nas regiões e nos bairros. Como? Ele reformaria o sistema escolar, forneceria ajuda federal às universidades. Essas decisões traziam consigo os germes da contestação. Kennedy defendia o sistema ao mesmo tempo em que o atacava. Por sua força, um novo clima atravessou o país. O presidente proibiu a segregação entre os estados e em 1961 aboliu as famosas leis Jim Crow que as Sweethearts of Rhythm já haviam outrora quebrado. Mal esse processo começou e já provocou a resistência dos conservadores. A Ku Klux Klan, desafiada no passado pela grande Bessie Smith, acordava. Os militantes negros dos Direitos Civis morriam e seus assassi-

Jazz Ladies

nos escapariam da justiça, enquanto Martin Luther King era enviado à prisão de Birmingham, reduto da segregação no Sul. Ele escreveu a famosa "Carta da Prisão de Birmingham", texto essencial do movimento revolucionário. "Eu digo, como Santo Agostinho, que uma lei injusta simplesmente não é lei." Muitos negros leriam a nobre profissão de fé e entrariam para a resistência.

Se esses anos resplendeciam, também semeavam suas tragédias. O assassinato mais famoso tocou a consciência popular. Numa calma noite de junho de 1963, o ativista da NAACP Medgar Evers foi assassinado em sua cidade, Jackson (Mississipi), por um branco racista. O homem caiu na frente da família. O crime revoltou os progressistas Abbey Lincoln, Max Roach e outra voz já conhecida e ainda mais radical, Nina Simone, que lhe escreveu a canção "Mississipi Goddam". "O assassinato de Medgar Evers agiu como um detonador", escreveria esta em suas memórias *I Put A Spell On You* (1991). "De repente, eu entendi o que significava ser negro na América de 1963, não por um raciocínio intelectual, mas por um súbito acesso de raiva e ódio seguido pela necessidade de agir." Essa artista acabava de se definir. Ela cumpriria a missão, como tantas outras antes dela, mas a levaria ainda mais longe que Bessie, Billie e até mesmo Abbey Lincoln.

Alguns meses mais tarde, em 22 de novembro de 1963, John Kennedy morria em Dallas, assassinado por Lee Harvey Oswald. A morte do jovem presidente chocou os negros. Dinah Washington, que estava no palco naquela noite, pegou o microfone: "Como puderam matar um homem tão precioso? Eu comprei um revólver porque tenho que me proteger. Qualquer pessoa que mata um homem precioso não merece nenhum respeito. Perdoem-me, mas não posso cantar esta noite." Ela começou a chorar e foi muito aplaudida. Depois do grito de Abbey seguiram-se as lágrimas de Dinah. A blueswoman deixaria rapidamente esse mundo hostil. Dinah Washington morreu em 14 de dezembro de 1963 em Detroit, Michigan. Seu marido acordou no meio da noite e encontrou a grande cantora caída no chão. Ela deixava uma herança da qual se "apossariam" LaVern Blake e Etta James. A aventura continuava.

LaVern Baker, c. 1956.
Etta James, c. 1962.

Nina Simone, a radical

Um belo dia, ela enlouqueceu. Nenhum marido fiel a tranquilizava: então o espírito de Nina Simone se foi, de repente. Ela esbarrou numa parede depois de acreditar que poderia modificar uma sociedade cerceada, tão puritana e branca. Ela teve que se render ao óbvio: os negros nunca ocupariam o lugar que mereciam naquele país. Ela poderia matar alguém, e bem que gostaria de tê-lo feito, até comprou uma arma, mas nunca a utilizou. Em vez de cometer um crime de resistência, ela riria canções formidáveis, como "Mississipi Goddam" e "Four Woman" (janeiro de 1965):

> *My skin is black*
> *My arms are long*
> *My hair is woolly*
> *My back is strong*
> *Strong enough to take the pain*
> *Inflicted again and again*
> *My father was rich and white*
> *He forced my mother late one night...**

* Minha pele é negra/ meus braços são longos/ meus cabelos são enrolados/ minhas costas são fortes/ fortes o suficiente para suportar a dor/ infligida de novo e de novo. / meu pai era rico e branco/ ele forçou minha mãe tarde da noite...

Essa arte não acalmou sua ira nem sua loucura. Nina escreveria bem mais tarde suas memórias, um tecido de lendas e de falsas verdades por causa da imensa infelicidade de uma musicista frustrada e furiosa. Assim, contou de forma fantasiosa a primeira vez em que os Rolling Stones passaram, durante uma turnê americana, pelo templo do blues, a gravadora Chess, em Chicago. Eles teriam visto um operário negro que pintava o teto para ganhar um pouco de dinheiro: o maravilhoso músico de blues Muddy Waters, inspiração para os jovens e atualmente ricos Mick Jagger e Keith Richards. Nina denunciou a cruel ironia dos saqueadores brancos que vinham explorar o filão negro destruído, jogado no lixo por culpa de uma nação cega e racista. Em algumas linhas, inventou o mito. Bill Wyman, baixista dos Stones, desmentiria essa afirmação. Na verdade, quando os Stones chegaram, um negro gentilmente se ofereceu para carregar suas malas. Era Muddy. E ele foi o charmoso "guia" dos roqueiros ingleses. Nina lutava entre delírios e esplêndidas verdades, engolindo sua amargura. As quatro jovens queimadas na igreja de Birmingham logo após o assassinato de Medgar a perseguiam. Mas outros segredos a assombravam, ela falava e se queixava.

Muddy Waters, c. 1960.

Nina Simone, c. 1961.

Eunice Kathleen Waymon, futura Nina Simone, nascida em 1933 em Tyron, Carolina do Norte, três anos depois de Abbey Lincoln, sentiu muito cedo uma paixão avassaladora e solitária

Jazz Ladies

Nina Simone, c. 1965.

pela música. Sua família nunca aceitou essa paixão. A jovem, porém, não perdeu a coragem e dedicou-se a "domar" o piano, apesar da indiferença dos Waymon, obtendo uma parcela de glória durante os cultos na igreja da esquina. Sua chama masoquista a impedia de seduzir os rapazes e preencher a solidão. "Eu tinha a impressão de ser uma espécie de monstro", escreveu. Ela não se dava conta de que sua epiderme, da qual celebraria a tristeza no início da década de 1960 em uma de suas mais lindas canções, era o motivo de sua exclusão.

Eunice não passou na prova para entrar no Curtis Institut, uma vergonha que carregaria por muito tempo. Ela soube o motivo: uma perniciosa discriminação servil. Os examinadores disseram que ela não era capaz nem estava preparada para merecer tamanha honra e abalaram sua confiança, quando na verdade esse julgamento escondia impulsos inconfessáveis. A partir daí, se virou sozinha, longe da família, consciente desde muito cedo de seu talento de pianista e cantora. Ela gostaria de continuar os estudos a qualquer preço, abraçar a profissão de concertista, seu sonho de juventude; o sonho de toda uma vida. Ser a primeira concertista negra! Seria preciso ultrapassar os obstáculos, a segregação, a reticência da comunidade, mas Eunice sentia-se capaz de todos os esforços. Se ficasse rica, nenhuma barreira lhe resistiria: teria os melhores professores, melhoraria seu conhecimento no piano e passaria nas provas mais difíceis e mais injustas.

As mulheres provam, enfim, do prazer e da revolta

Para alcançar tamanha felicidade, ela deveria encher sua conta bancária, seguir a via que tantos músicos seguiram: o jogo da noite, o bar, o clube. Ela renunciou por um tempo aos louros das grandes salas de concerto e deixou-se levar para os clubes de jazz no turbilhão do Harlem. Por precaução, adotou o nome de Nina Simone em homenagem à atriz francesa Simone Signoret. A mãe de Eunice não sabia onde sua filha passava as noites. Mas quando soube, ficou furiosa: Eunice se precipitava direto para o inferno! Durante toda a vida, Eunice correu atrás de sua ambição. Ela descobriu o jazz e apreciava Billie Holiday. Nina acreditou que ganharia o dinheiro desejado até sua primeira gravação, *Starring Nina Simone* (1955), um disco não comercializado que acabou em processo contra um produtor desonesto.

As memórias da artista são ricas em recriminações contra o meio, transbordam de amargura. Em 1957, em seu primeiro disco *Little Girl Blue*, já gravou sua música mais conhecida, "My Baby Just Cares For Me", um título composto em 1928 por dois compositores esquecidos. O que Nina conta é surpreendente. Depois de ter gravado esse clássico, correu para casa e tocou Beethoven para se "purgar" da gravação como se fosse uma vergonha. Ela se lembrava da assinatura. "Era um contrato padrão. Eu não tinha empresário, nem advogado, nem contador. O que deveria fazer? Eu era uma pianista clássica, não uma estrela de rock qualquer." "My Baby Just Cares For Me", sua canção mais conhecida do grande público, caiu no esquecimento em 1958, mas voltou bem mais tarde, em 1987, e nessa segunda chance a "baby" fez um grande sucesso, inclusive com um clipe de animação feito pelos futuros criadores de Wallace e Gromit. Mas na virada dos anos 1960, Nina mostrou sua decepção, aproveitando-se, no entanto, da renda que obteve com o disco para continuar suas lições de piano e mandar dinheiro para a mãe. Ela encontrou trabalho como doméstica na casa dos brancos, fez um "casamento horroroso", em suas próprias palavras, e não conseguiu impedir que seus produtores vendessem suas gravações sem lhe dar um centavo.

O álbum raro, não comercializado.

Naquela época, os que a ouviam e apreciavam comparavam-na a Billie Holiday. Nina abominava essa comparação. "Nós fomos comparadas porque éramos negras. Isso é racismo. Ninguém me comparou a Maria Callas e, no entanto, sou mais diva que qualquer uma", disse numa entrevista. Ela sentia-se envergonhada de ser ainda e sempre levada ao jazz. "Eu sou uma cantora com uma bagagem clássica superior. Por que a cor negra é automaticamente associada ao jazz?" Entretanto, regravou os sucessos de sua antecessora antes admirada e que agora parecia desprezar "Strange Fruit" e "Don't Explain", mas não conseguia igualar-se ao modelo. Dinah Washington, a outra diva, não gostava de Nina e, quando assistiu à militante radical pela primeira vez, fez alguns comentários desagradáveis. Uma noite, fez questão de assistir a um concerto de Nina e, bêbada, começou a gritar para seus convidados na mesa: "Joguem um peixe na cara dela!"

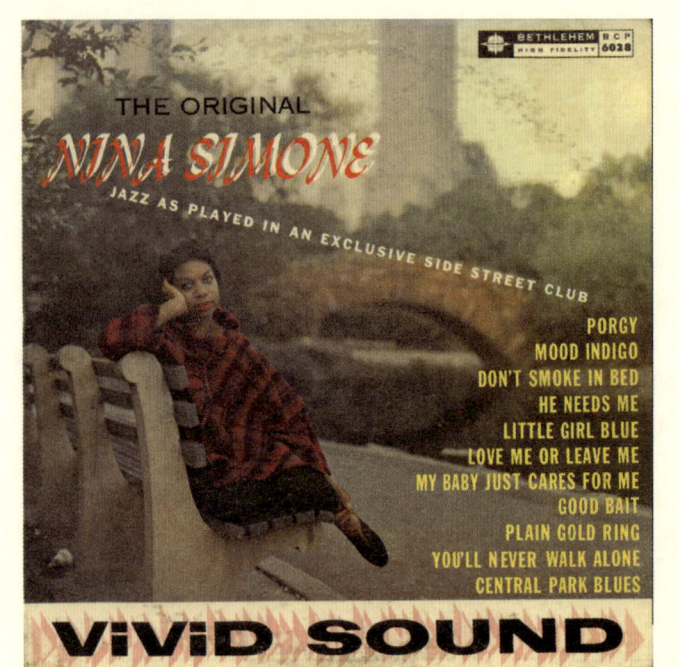

Nina evitou os ataques. Durante a década de 1960, engajada na luta pelos Direitos Civis, ela conquistou um grande espaço. Sete anos de esperança e de alegrias. Essa luta, segundo ela, "tinha dado um sentido à sua profissão". Ela não encontrava esse sentido em sua música, seu blues, suas canções de alguns vinténs, bem distante de seus sonhos de ópera. Nunca uma artista se mostraria tão insultante com seu público: "O mundo da música popular era uma brincadeira comparado ao do clássico: não precisava trabalhar tanto, o público se contentava com pouco, e tudo o que pediam era que repetíssemos algumas palavras. Um mundo sem valor aos meus olhos. Eu não tinha nenhum respeito pelo público popular, tão ignorante em matéria de música." Essas palavras pronunciadas por despeito, tristeza e loucura assombravam as lembranças de Nina. A nobre ambição desperdiçada aleijou a linda música da artista, mistura de lirismo clássico um pouco excessivo e de blues simples. Como conciliar os dois? Duas forças – espirais e sinuosidades de um lado, emoções e tragédias do outro – lutam no centro de sua obra às vezes desequilibrada. No entanto, se o grande público não esqueceu sua versão de "Ne me quitte pas", de Jacques Brel, hoje descobre coisas lindas, como "Backlash Blues" (1967), em reedições muito bem vindas.

A década de 1960 semeava tormentos, mas também fazia a sociedade avançar. Nina e as outras se sentiam livres apesar de tudo. As leis Jim Crow desapareceram. Abbey Lincoln relembrava a sua difícil luta numa entrevista dada à *Jazz Hot* em junho de 1967: *Jazz Hot* – "Você acha que nos Estados Unidos as pessoas de cor, em particular os artistas, estejam cada vez mais conscientes não somente de seus direitos políticos, mas também da beleza de seu tipo físico, da herança folclórica e de sua arte?" *Abbey Lincoln* – "Não resta a menor dúvida. Depois que nós, pessoas de cor, viemos para os Estados Unidos, fomos obrigados a esquecer completamente nossa língua, costumes, hábitos, folclore e nossa cultura. É preciso que reencontremos nossos rastros com paciência, que juntemos pouco a pouco os pedaços esparsos de nossa personalidade enquanto povo de cor dos Estados Unidos. Nós começamos finalmente a ficar satisfeitos com o que somos. É curioso que essa busca seja sempre um feito de mulheres. Quanto à busca pela beleza própria da sua raça, do seu tipo físico, da mistura de sangues que representamos, as mulheres começaram há muito tempo, bem antes dos homens. As mulheres precisam se sentir belas, elas adoram pensar que são bonitas e sempre estão interessadas pelo que as deixa ainda mais bonitas, os tecidos, as vestimentas africanas, as joias ditas exóticas, os diferentes tipos de penteado, tudo que possa destacar sua personalidade.

Em 1969, o casal Abbey Lincoln e Max Roach aceitou o convite da televisão comercial e foi o primeiro casal negro famoso a mostrar uma vida conjugal normal. Uma enorme vitória negra e feminina!

ABBEY LINCOLN
Singer-Actress
STAR Of Hit Movie "Nothing But A Man"

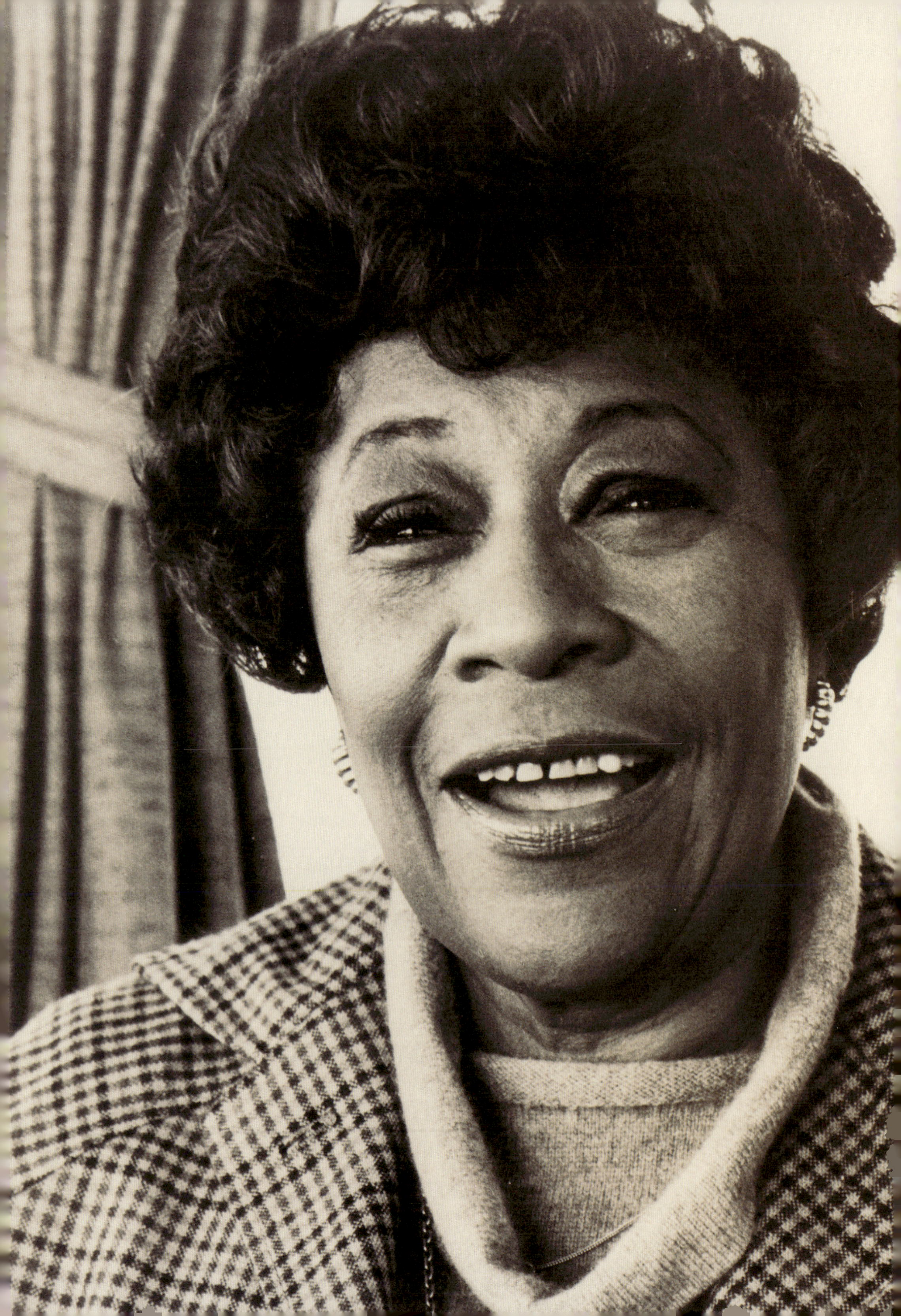

Elas envelheceram

O belo final Um grande número de cantoras atingiu a velhice. LaVern Andrews não teve essa sorte: um câncer levou-a em 1967. As Andrew Sisters viveram bastante. Maxine morreu mais tarde, em 1995, enquanto Patty já ultrapassou a casa dos 90 anos. Uma fronteira não atingida por Mary Lou Williams, que em 28 de maio de 1981 se foi, coberta de honras. Ela tinha 71 anos. A grande pianista, cansada, consciente do fim que se aproximava, pôde ler as homenagens dos críticos por sua luta contra o sexismo. Ela se recolheu, rezou, tentou afastar o câncer que lhe atingiu o útero, e mesmo hospitalizada continuou trabalhando em seu leito de sofrimento, pedindo até que pusessem um piano em seu quarto.

Mas aquela de cuja velhice lembramos continua sendo Ella Fitzgerald, que conservou sua energia por muito tempo. Em 1989, ela ainda dava concertos dignos e espetaculares, estrela entre as estrelas, monumento do jazz cuja aparência decidida cobria os festivais com sua grande estatura. Apesar de alguns problemas de memória, ela encantava o público com sua oratória. Sarah Vaughan e ela gravaram juntas pela primeira vez um dueto, "Back On The Block" (1989). Quincy Jones organizou a apresentação. Ella ficava impressionada com a "divina", sempre bela, que conseguia conciliar carreira e família, cuidava da linda filha Debby, aceitava com elegância as homenagens que o país lhe prestava. O prefeito de Los Angeles, Tom Bradley, proclamou o dia 3 de setembro o "dia Sarah Vaughan". Pouco tempo antes de sua morte, ela apareceu em cena com o braço enfaixado, que doía por causa de um câncer de pulmão, e depois se apagou em Los Angeles, em 3 de abril de 1990. Joni Mitchel, Stevie Wonder e Quincy Jones homenagearam a "magnífica".

Ella Fitzgerald foi a última sobrevivente da era bendita. Morreu em 15 de junho de 1996 cercada pela família como uma rainha corajosa apesar da doença e da amputação.

Nós observamos essas mais antigas como testemunhas históricas de uma época. Algumas assumiram com dignidade suas tragédias. É claro que ainda sofremos ao ver Billie Holiday no crepúsculo de sua vida, destruída pelo álcool, pelas drogas e pela solidão. Ela gravou duas versões de "Don't Explain": uma é uma obra-prima,

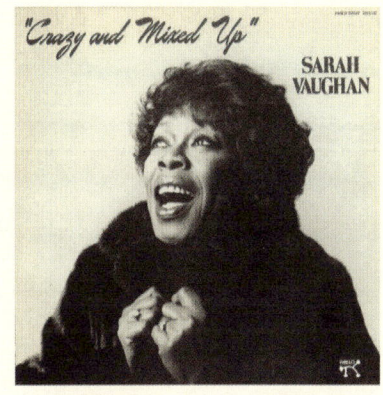

◁ Billie Holiday. c. 1954.

Jazz Ladies

* Não explique/ você sabe que eu te amo

gravada em 1946, e a outra, apenas 10 anos mais tarde, mostra o declínio e a morte. Muitos preferem a versão doentia.

*Don't explain
You know that I love you**

Em 2005, o público do jazz se deu conta de que Billie Holliday teria agora 90 anos. Que tipo de velhinha seria ela? Ninguém sabe, mas é bom imaginar.

Também conhecemos uma Lil Hardin-Armstrong idosa. Na revista *Saturday Review* de 25 de setembro de 1971, o produtor John Hammond lhe prestou uma homenagem vibrante após sua morte. "Lil Hardin-Armstrong era uma das pessoas mais adoráveis que já existiram na música. Mulher de Louis e sua protetora durante os difíceis primeiros anos em Chicago, ela era santa, gentil, e realmente não combinava com todos os urubus que cercavam Louis Armstrong no período mais criativo de sua carreira." Ela ficou transtornada com a morte de Louis, em 6 de julho de 1971, em sua cama. Eles haviam se divorciado anos antes, mas aquele homem nunca abandonou sua alma. Em 27 de agosto, convidada a participar de um concerto-homenagem ao grande trompetista, ela foi com prazer. Mas, de repente, em pleno concerto, levou a mão ao coração e caiu. Lil Hardin morria brutalmente diante do seu público um mês apenas depois de Louis.

Talvez ela tenha pensado em sua antiga vizinha, Memphis Minnie, uma dessas antigas e distintas cantoras sentadas numa cadeira de balanço: a musicista maravilhosa passou os últimos anos de sua vida balançando-se na varanda de uma casa em Memphis, com um sorriso meigo nos lábios, com aquele olhar luminoso, que revelava sua luta durante o século. A idade lhe fez bem, as rugas a deixaram ilustre. Desde 1961, quando o marido morreu, a autora de "My Chauffeur Blues" viveu só, sem dinheiro, de caridade. Vivia graças aos subsídios recolhidos por amigos. O grupo de rock Jefferson Airplane regravou seu "Chauffeur Blues", mas não lhe deu um tostão de direitos autorais. E sempre foi assim. As artistas de sua geração não enriqueceram.

Uma ou duas vezes por mês, alguns fãs vinham de longe para vê-la. Eles conheciam sua obra de cor. Minnie gostava de recebê-los vestida à altura e em forma. Ela saía de sua contemplação e conversava, com mais dificuldades depois de um ataque cardíaco. Às vezes os amigos de outrora chegavam do "país" e recordavam o "Chauffeur". Ela, então, começava a chorar.

Quando morreu, a imprensa não se estendeu muito sobre o assunto. Apenas o crítico vigilante Paul Oliver a celebrou como a maior cantora fora da veia clássica e uma guitarrista incomparável. Ela morreu em 6 de agosto de 1973, pobre e triste.

Como Josephine Baker em 12 de abril de 1975, na França. Arruinada e endividada, a bela do music-hall jazz dos anos 1920 tinha acabado de perder na justiça o castelo de Milandes, onde abrigava uma dezena de filhos adotivos. Ela conseguiu dar a volta por cima e voltar ao auge antes de sofrer um ataque cardíaco fatal. Seu país de adoção lhe ofereceu um enterro nacional militar em memória de suas ações corajosas durante a guerra.

Ainda guardamos outros sorrisos: o da velha Alberta Hunter, a antiga garotinha de Memphis e cantora vitoriosa da ilustre Chicago dos anos 1920. Alberta, como as outras rainhas do blues dos anos loucos, também suportou o peso dos anos com dignidade. No início da década de 1980, ela apareceu em vários programas de televisão até sua morte durante o verão de 1984. O público apreciava as entonações vivas de sua voz, e ela faria shows até o seu último suspiro.

Outro sorriso ficou gravado em nossas lembranças para sempre: o de Victoria Spivey, que chegou ao final em 1976. Nós guardamos dessa mulher uma visão fugidia no filme *A mesa do diabo*, cuja história conta uma partida de pôquer entre dois campeões em Nova Orleans. O jovem jogador Steve McQueen atravessa o "Antigo Bairro" francês com as mãos nos bolsos, quando ouve uma música. Ele se vira e vê a aristocrática e proletária Victoria, a pele brilhante de loucura, a boca desdentada gritando seu blues num piano de bar. As câmeras imortalizaram um ídolo esculpido na madeira, uma das antigas deusas dos anos 1920. Enfeitiçada.

Duas últimas imagens

Como Lil, Minnie ou Victoria, muitas cantoras nunca esconderam seus tormentos e decrepitudes: Anita O'Day, com quase 90 anos, ou Shirley Horn, que entrava aos 70 anos no palco em sua cadeira de rodas desde que uma amputação do pé a privou de mobilidade. Ela assumia uma idade respeitável e fabulosa, consciente de ter se transformado, após o desparecimento das estrelas, na sobrevivente de uma era dourada. Seu canto lento, difícil, perdia-se um pouco, mas ela emocionava conservando sua dignidade.

O meio do jazz não pensava em voltar a ver Shirley Horn em concerto, com uma aparência de enferma, dificuldade de andar e de manter-se de pé, o que não permitia imaginar um longo futuro. De fato, ela morreu em outubro

Quarteto Modern Jazz, c. 1962.

de 2005, deixando em forma de testamento um último disco, *May The Music Never End* (2003), álbum luxuoso no qual aparecem convidados de prestígio como o pianista Ahmad Jamal e o trompetista Roy Hargrove. Os grandes da música disputavam a honra de aparecer ao lado da diva do jazz, nascida em 1934.

A mãe das modernas jazzwomen vocais começou nos anos 1950 fundando um trio. Ela tocava piano, cantava e gerenciava um clube em Washington. No início da década seguinte, as estrelas do jazz tão logo a escutavam não resistiam ao seu charme. John Lewis, pianista do Modern Jazz Quartet, Quincy Jones e Miles Davis a adoravam. "Quando eu entrei na casa dele", diria Shirley sobre Miles, "seus filhos cantavam músicas de meu primeiro disco. Aquilo foi o início de um formidável período de troca para mim. Ele era como um tio muito protetor." Ela não gravou muito durante a primeira parte de sua carreira, mas compensou em seguida. "Don't Forget Me", canta ela com sua voz suave, quase morrendo, em *May The Music Never End*. Como poderíamos esquecê-la?

Ninguém jamais esquecerá Nina Simone, de quem a loucura tomou conta definitivamente. No sul da França, onde escolheu passar o resto da vida, ressoou um estardalhaço. Em 25 de julho de 1995, incomodada pelo barulho, ela disparou uma pistola de alarme contra um jovem que se banhava na piscina dos vizinhos, atingido com vários fragmentos. Os especialistas abordaram, então, a terrível solidão de uma mulher cuja vizinhança fugia dela. Nina foi condenada a oito meses de prisão em liberdade condicional. Eu me lembro de seu último concerto parisiense no Palais des Congrès. Carregada até o piano, ela iniciou um canto trêmulo, hesitante, pedindo ao público que cantasse as letras que havia esquecido há tantos anos. Depois, deixou o palco por pelo menos 45 minutos antes de voltar. Guardarei durante muito tempo essa lembrança dolorosa.

Nina Simone, 1993.

Nina morreu no dia 25 de abril de 2003 em sua casa de Carry-le-Rouet. Centenas de anônimos vieram prestar sua última homenagem. Entre eles, a grande cantora sul-africana Myriam Makeba, sua amiga. A canção "Mississipi Goddam" fez muito sucesso entre os negros do Apartheid africano e de todos os outros lugares. O dia inteiro a coroa de flores amarelas se encheu de mensagens de amor. Elton John enviou-lhe uma curta declaração: "Nós éramos os melhores e eu te amo". Ela quis que suas cinzas fossem espalhadas por vários países africanos.

Finalmente, a mulher negra voltava gloriosamente à terra de seus ancestrais.

Myriam Makeba, 1987.

Epílogo

Betty Carter, c. 1965.

Assim nascem, vivem e morrem as damas do jazz. Muitas não foram citadas aqui, todas estrelas que atravessaram o céu musical e cujas vozes nos encantaram sem necessariamente ter agradado ou abalado a sociedade. De Betty Carter a Rose Murphy, a pequena flor com voz infantil que tocava com seus lábios, sem esquecer Dionne Warwick, as artistas não tiveram a mesma influência. A grande maioria desapareceu no círculo que as grandes cantoras – Billie Holiday, Ella Fitzgerald, Sarah Vaughan – construíram com suas lutas, combates e sofrimentos. Elas permitiram às suas descendentes conquistar a liberdade e entrar na pele da cantora de jazz, clichê poderoso, certinho e tradicional. Mas as ameaças que pesavam sobre as antigas não desapareceram para as belas de hoje. A sociedade é sempre tentada a mandá-las de volta ao glamour, à moda, ao protocolo. Poucas cantoras hoje conseguem libertar-se do papel que os produtores acenam para elas: ser a nova Billie Holiday – sem a tragédia que se cola ao passo dessa rainha, é lógico – ou a Sarah Vaughan do século XXI. As vozes contemporâneas interpretam baladas, caminham para o romântico, murmuram, mas poucas ousam o swing com medo de não serem levadas a sério, poucas arriscam tonalidades mais audaciosas. Acontece a mesma coisa em outros setores da música negra: para uma Sharon Jones, rouca e soul, reavivando as brasas acesas por Aretha

Rose Murphy, c. 1953.

Alicia Keys, c. 2001.

Franklin; quantas Ciara, Alicia Keys, Beyoncé, com R'n'B (Rhythm'n'Blues) totalmente "desinfetado"? A cantora de jazz deve ser sempre bonita, graciosa e romântica para poder agradar ao público, seja ele masculino ou feminino.

As três maiores cantoras da história fixaram o vocal de jazz por muito tempo, um canto revolucionário em sua época, mas que hoje é marcado por um classicismo bonito ao qual se refere a juventude atual, pelo menos nos Estados Unidos. Mas é possível que o canto feminino encontre seu maravilhoso futuro na Europa, nos países nórdicos, lá onde as mulheres sempre foram protegidas e livres. Na Suécia, com a controversa Lisa Ekhdal ou a pura e austera Sidsel Endressen; na Dinamarca, onde Susi Hyldgaard assobia com elegância e poesia; todas próximas do pop, inspiradas por Bill Evans. E por que não na Grã-Bretanha, onde se instalou a americana (branca) Stacey Kent, a quem a variedade jazz não perdeu o charme?

Lisa Ekhdal, 2000.

A feminilização espalhou-se pelo mundo, até a França, onde algumas vozes surgiram recentemente, às vezes convencionais, mas outras bem mais originais. A cantora Mina Agossi, de origem africana, nascida em Besançon, parece ser nossa mais segura campeã nos próximos anos. Sua teatralidade, seu swing, seu lado carnal, já a colocam lá no alto. Em seu estranho disco *Well You Needn't* (2005), ela é capaz de cantar o difícil e "tortuoso" Monk sem desmontar, dar novo colorido ao rock clássico "Voodoo Chile" (Jimi Hendrix), soltar cantos de sua autoria, bem inquietantes como "Drive", lançados por um zumbido grave e uma voz agitada, muitíssimo afinada. Afinadas mesmo são as mulheres "primeira ficção", escreveu o poeta Charles Nodier, "que o céu deu à terra."

Mina Agossi, 2004.

Aretha Franklin, 1972.

Dionne Warwick, c. 1972.

Discografia
Os clássicos indispensáveis

- Bessie Smith, *The Quintessence, The Empress* 1923-1933 (2 CDs, Fremeaux & Associés).
De "Back Water Blues" a "Careless Love Blues", os grandes clássicos da rainha do blues.
- Various Artists, *The Women I Love: Angel Eyes* (Dreyfuss)
A bela coleção "Référence" apresenta uma seleção de cantoras conhecidas e menos conhecidas: Ella Fitzgerald, Dinah Washington, Marilyn Monroe, Peggy Lee, Doris Day, Annie Ross, Anita O'Day. Um panorama bem completo.
- Ella Figtzgerald *Sings The Jerome Kern Song Book* (Verve). Gravado em 1963, esse disco presta homenagem a Jerome Kern (1888-1945) que compôs as músicas das famosas comédias musicais da Broadway e de Hollywood, em praticular para Fred Astaire (*Ritmo louco*, de George Stevens, 1936) e Gene Kelly (*Modelos*, Charles Vidor, 1944). Ella, acompanhada pela orquestra de Nelson Riddle, mostra todo o seu calor e elegância.
- Ella Fitzgerald, *Ella At Juan-les-Pins* (Verve/Universal). O concerto histórico da grande cantora no festival de Juan-les-Pins durante o verão de 1964. Ninguém esqueceu seu dueto improvisado com o grilo "The Cricket Song". Um disco indispensável entre blues e baladas.
- Billie Holiday, *The Complete Billie and Lester Young*, 1937-1946 (3 CDs, Frémeaux & Associés). As faixas completas que Billie gravou com seu amante musical, o saxofonista Lester Young. Indispensável. Acompanhada pela orquestra de Teddy Wilson, Lady Day paira no ápice de sua carreira entre swing e doce melancolia.
- Billie Holiday, *Best of 1935-1948* (2 CDs, Body & Soul)
Lady Day nunca cantou tão bem como nesses anos. Essa coleção, cuja maquete é bela e poética, apresenta 50 clássicos ("Strange Fruit", "Fine And Mellow", "Don't Explain", "God Bless The Child", "The Man I Love" e muitos outros...) Acrescentamos que o catálogo é bem completo com a história, datas das gravações e até a formação das orquestras.
- Billie Holiday, *The Ultimate Collection* (Verve, DVD). Uma coleção em DVD por Lady Day que aparece mais bela que nunca em companhia de Louis Armstrong num filme intitulado New Orleans (1947). Várias entrevistas (John Hammond, Roy Eldridge...), algumas passagens pela TV, um maravilhoso álbum de fotografias e um texto completo sobre a vida da gande cantora enriquecem esse belo programa.
- Various Artists, *Women In Blues, New York, Chicago, Memphis, Dallas*, 1920-1943 (2 CDs, Frémeaux & Associés). As mais importantes cantoras do blues clássico fazem parte dessa excelente coleção, de "Crazy Blues" (Mamie Smith) a "Me And My Chauffeur Blues" (Memphis Minnie). Podemos ouvir também Ma Rainey, Bessie Smith e seu famoso "Empty Bed Blues", Victoria Spivey, Dinah Washington etc. As cantoras menos conhecidas completam o quadro e nos fazem descobrir vozes maravilhosas.
- Memphis Minnie, *The Queen Of The Blues* 1929-1941 (2 CDs, Frémeaux & Associés). Essa linda coleção apresenta um panorama da genialidade de Memphis Minnie: antigas folk songs, peças de vaudeville, blues puro... E a voz mágica que nos atravessa em todos esses blues atemporais, de "New Bumble Bee Blues" a "Ma Rainey".
- Mary Lou Williams, *Best Of – 1951-53* (Classic Records). Uma coleção que mostra toda a graça de Mary Lou Williams após a guerra, de "Perdido" a "Melody Maker".
- Anita O'Day, *The Ultimate Collection* (Verve). Esse disco é a melhor introdução ao talento de Anita O'Day. Durante os anos de 1950 e 1960, acompanhada pela orquestra de Gene Krupa ou outros grupos, a cantora faz um encantamento com os clássicos de Cole Porter e Billie Holiday ("Don't Explain"). Swing e violino formam um belo par.
- Sarah Vaughan, *With Clifford Brown* (Verve). A voz graciosa de Sarah, a doçura e agilidade do trompetista Clifford formam um casamento perfeito. Essas gravações lançadas em 1955 por Emarcy, em que a "divina" fica entre 1954 e 1959, retomam os belos clássicos "Lullaby Of Birdland", "September Song", "Embraceable You"...
- Dinah Washington, *The Unforgettable (The Very Best Of)* (Snapper Music). Uma das várias coleções da grande Dinah Washington, foi lançado em 2004 com músicas como "Makin'Whoopee", "Cry Me A River", "Perdido"...
- Nina Simone, *The 60's* (três volumes, Universal). Uma boa parte das melhores obras

de Nina Simone está nesses três discos (*For Women*, *Sinnerman*, *Either Way I Loose*...)
- Nina Simone, *The Blues* (BMG/RCA). Esse disco é o que aborda o mais original e verdadeiro de Nina Simone em relação a outras compilações que existem no mercado. Homenagem à esplêndida cantora de blues que ela também foi, nos faz redescobrir "Do I Move You?" e a famosa "Mr. Backlash Blues".
- Abbey Lincoln, *Straight Ahead* (Candid Records). Lançado em 1961, esse disco parece uma reinvindicação de liberdade, entre o moderno Eric Dolphy e o clássico Coleman Hawkins. Uma grande influência para as gerações seguintes.
- Hendricks, Ross & Lambert, *Sing A Song Of Basie* (Verve). Evidentemente é impossível não citar o primeiro álbum do famoso trio, guiado por Annie Ross, que deu início à aventura dos grupos vocais.
- Les Doubles Six, *Les Doubles Six* (BMG). A gravadora RCA-BMG teve a boa ideia de reeditar em um só CD os dois primeiros álbuns dos Double Six. Swing e poesia estão no programa com improvisações cantadas de Coltrane e Parker e arranjos de Quincy Jones.

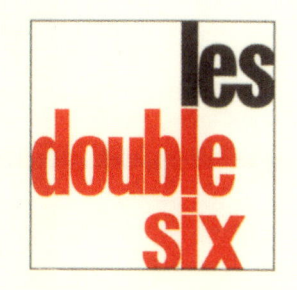

Bibliografia

Chris Albertson, *Bessi,* Yale University Press, 2003.
Candance Allen, *Valaida, A Novel*, Virago Press, 2004.
Nicole Bacharan, *Histoire des Noirs Américains au xxᵉ siècle*, Complexes, 1994.
Michèle Barbier, Tumpie, dite Joséphine Baker, Alain Sutton, 2005.
Sidney Bechet, *La Musique, c'est ma vie*, La Table Ronde, 1977.
Big Bill Broonzy, Yannick Bruynoghe, *Big Bill Blues*, Ludd, 1987.
John Chilton, *The Song Of The Hawk, The Life And Recordings Of Coleman Hawkins*, University of Michigan Press, 1990.
Nadine Cohodas, *Queen. The Life And Music Of Dinah Washington*, Pantheon Books, 2004.
Billy Holiday, *Lady Sings The Blues*, Plon, 1960.
James Lincoln Collier, *Louis Armstrong, An American Genius*, Oxford University Press, 1983.
Miles Davis e Quincy Troupe, *Miles Davis, A Autobiografia*, Campus, 1991.
James L. Dickerson, *Just for A Thrill, Lil Hardin-Armstrong, First Lady Of Jazz*, Cooper Square Press, 2002.
John Hammond, *On Record*, Ridge Press, 1977.
Jim Haskins, *Ella Fitzgerald, une vie à travers le jazz*, Filipacchi, 1992.
Tammy L. Kernodle, *Soul On Soul, The Life And Music Of Mary Lou Williams*, Northeastern University Press, 2004.
David Brun-Lambert, *Nina Simone*, Flammarion, 2005.
Stanley Dance, Duke Ellington, Filipachi, 1976.
Angela Y. Davis, *Blues Legacies And Black Feminism*, Vintage Books, 1999.
Wayne Enstice, Janis Stockhouse, Jazzwomen, *Conversations With Twenty-One Musicians*, Indiana University Press, 2004.
Paul e Beth Garon, Woman With Guitar, Memphis Minnie's Bllues, Da Capo Press, 1992.
Daphne Duval Harrison, *Black Pearls, Blues Queens Of the 1920's*, Rutgers University Press, 1988.
Alan Lomax, *Mister Jelly Roll*, Flammarion, 1964.
Florence Martin, *Bessie Smith*, Éditions du Limon, 1994.
Margaret McKee, Fred Chisenhall, *Beale, Black & Blue*, Louisiana State University Press, 1981.
David Margolick, *Strange Fruit, The Biography Of A Song*, The Ecco Press, 2001.
Mezz Mezzrow, Bernard Wolfe, *La Rage de vivre*, Buchet-Chastel, 1972.
Albert Murray, Count Basie, *Good Morning Blues*, Filipacchi, 1988.
Stuart Nicholson, *Billie Holliday,* Indigo, 1996.
Anita O'Day, George Eells, *High Times, Hard Times*, Limelight, 1981.
Sally Placksin, *Jazzwomen, 1900 To The Present, Their Words, Lives And Music*, Wideview, 1982.
Al Rose, *Miss Lulu White de Basin Street, La Nouvelle-Orléans*, Gaston Lachurie, 1991.
Ross Russell, *Bird Lives !*, Da Capo Press, 1996.
Marianne Ruuth, *Sarah Vaughan*, Holloway House, 1994.
Nina Simone, Stephen Cleary, *Ne me quitte pas*, Presses de la Renaissance, 1992.
Sherry Tucker, *Swing Shift, "All-girl" Band Of The 1940's*, Duke University Press, 2000.
Coll. *Chanteurs de Jazz*, Vade Retro, 2000.
Coll. *Écoutez-moi ça. L'Histoire du jazz par ceux qui l'ont faite*, Buchet-Chastel, 1956.

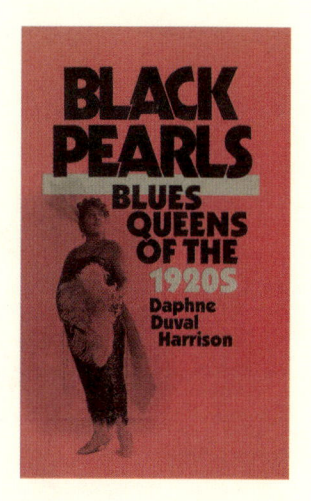

Diana Krall e Abbey Lincoln, 1997.

Créditos das fotografias
Todos os documentos provêm dos arquivos de Gilles Pétard, exceto:
Rue des Archives/AGIP: p. 6 ; Christian Rose : p. 8, 9, 11, 12 (alto), 14 (alto), 16 (alto), 18, 21 (baixo), 22, 23, 151, 157 (alto) e 160; Coleção Philippe Baudouin: p. 30 e 51; Duncan P. Schiedt: p. 72 e 93 (baixo); Eric Mohr: p. 136 (baixo); Mimi Perrin: p. 137 (baixo); Henry Parker : p. 137 (alto à esquerda); Fronty: p. 138 (alto) e 139 (alto); Jan Persson: p. 141; Larry Busacca: p. 153 (baixo); William Coupon: p. 155; Juan Carlos Hernandez: p. 157 (meio à direita).
Arte da edição original: Ramon Cucchi.